AF277753

Grupo Auxiliar Administrativo de la Función Administrativa del Servicio Aragonés de Salud

Marzo, 2025

Curso

*La diferencia entre aprobar
y sacar plaza*

Grupo Auxiliar Administrativo de la Función Administrativa

SERVICIO ARAGONÉS DE SALUD

Si aún no dispones de tu **Curso MAD360**, te ofrecemos un acceso GRATIS de 30 días para que disfrutes de los siguientes recursos:

- Técnicas de Memoria 360.
- MADTEST: Test *online* Nivel PRO.
- Temario en formato digital.
- Vídeos.
- Esquemas.
- Planificación de estudio.
- Foro entre opositores hasta la fecha del examen.*
- Recursos y novedades exclusivas.
- Consulta sobre la oposición y el proceso selectivo.
- Actualizaciones legislativas (Boletines Oficiales) hasta 60 días antes de la fecha del examen.*

Para acceder a esta prueba del Curso MAD360** será necesaria la compra de todos los libros para esta especialidad de la edición 2025.

Regístrate en **mad.es/iniciar-sesion** y en la pestaña BIBLIOTECA valida los códigos que encuentras en la última página de tus libros.

NOTA IMPORTANTE:

* Examen de esta categoría profesional correspondiente a la convocatoria publicada en el BOA n.º 18, de 28 de enero de 2025, o hasta el 31 de marzo de 2026, lo que se cumpla antes, y previa renovación del servicio.

** El acceso al CURSO MAD360 estará disponible desde marzo de 2025 (algunos recursos podrían estar disponibles en fecha posterior). Tendrá una duración de 30 días RENOVABLES mediante pago, desde la validación de códigos, o hasta el 30 de septiembre de 2026, lo que se cumpla antes.

MAD se reserva el derecho a ampliar dichas fechas.

Grupo Auxiliar Administrativo de la Función Administrativa del Servicio Aragonés de Salud

Test del temario

Autores

PATRICIA PÉREZ SÁNCHEZ-ROMATE
Licenciada en Derecho

CRISTINA RODRÍGUEZ RÍOS
Licenciada en Derecho

LUIS SILVA GARCÍA
Diplomado Universitario en Enfermería
Recuperación de Urgencias

ENCARNA ROJO FRANCO
Profesora de Derecho Público

JOSÉ LUIS GARRIDO VELA
Licenciado en Derecho

SERGIO JIMENO MOLINS
Ingeniero Superior en Telecomunicaciones
Profesor de Educación Secundaria Obligatoria y
Bachillerato

CARLOS TOJEIRO ALCALÁ
Ingeniero Informático
Titulado MCP de Microsoft

MIGUEL ÁNGEL NAVAS DUEÑAS
Ingeniero Superior en Telecomunicaciones
Profesor de Informática de Ciclos Formativos de Grado
Medio y Bachillerato

© 7 Editores Recursos para la Cualificación Profesional y el Empleo, S.L. (7 Editores)
© Los autores
Primera edición, marzo 2025 (140 páginas)
Derechos de edición reservados a favor de 7 Editores
IMPRESO EN ESPAÑA
Diseño Portada: 7 Editores
Edita: 7 Editores
Avda. San Francisco Javier, 9 · Edificio Sevilla 2 · Planta 11 · Módulos 25-27 · 41018 Sevilla
Teléfono: 954 784 411 · WEB: www.mad.es · e-mail: administracion@7editores.com
ISBN: 978-84-142-9313-3
© "Editorial Mad" y "Eduforma" son nombres comerciales registrados de
7 Editores Recursos para la Cualificación Profesional y el Empleo, S.L.

Índice

TEST
MATERIA COMÚN

TEST N.º 1

La Constitución Española de 1978: Principios fundamentales. Derechos y deberes fundamentales de los ciudadanos. La protección a la salud en la Constitución

1. ¿En qué se fundamenta la Constitución Española?

a) En un Estado social y democrático de Derecho.
b) En la indisoluble unidad de la Nación española.
c) En la independencia de los poderes del Estado.
d) En la organización territorial del Estado.

2. Según el artículo 3 de la CE, el castellano es la lengua oficial del Estado y todos los españoles:

a) Tienen el deber de usar y el derecho de conocer el castellano.
b) Tienen el derecho y el deber de conocer el castellano.
c) Tienen el deber de conocer y el derecho de usar el castellano.
d) Tienen el derecho de conocer y usar el castellano.

3. La Constitución Española reconoce y garantiza el derecho a la autonomía:

a) De las nacionalidades que la integran.
b) De las regiones que la integran.
c) De las Comunidades Autónomas que la integran.
d) De las nacionalidades y regiones que la integran.

4. El Preámbulo de la Constitución:

a) Tiene en sí carácter de norma jurídica.
b) Es una declaración de intenciones, destinada a interpretar lo que se quiere alcanzar con el contenido normativo de la Constitución.
c) Se trata de un texto sin fuerza jurídica de obligar.
d) Las respuestas b) y c) son correctas.

5. Señala la respuesta correcta respecto de la aprobación, ratificación y publicación de la Constitución Española:

a) Aprobada por las Cortes el 31 de octubre de 1978, ratificada por el pueblo en referéndum el 6 de diciembre de 1978 y publicada el 29 de diciembre de 1978.

b) Aprobada por las Cortes el 30 de octubre de 1978, ratificada por el pueblo en referéndum el 16 de diciembre de 1978 y publicada el 27 de diciembre de 1978.

c) Aprobada por las Cortes el 31 de octubre de 1978, ratificada por el pueblo en referéndum el 16 de diciembre de 1978 y publicada el 29 de diciembre de 1978.

d) Aprobada por las Cortes el 10 de octubre de 1978, ratificada por el pueblo en referéndum el 26 de diciembre de 1978 y publicada el 30 de diciembre de 1978.

6. ¿En qué parte de la Carta Magna se establece la exposición de motivos que impulsan la norma constitucional y los objetivos que con ella se pretenden alcanzar?

a) En el Título Preliminar.
b) En el Preámbulo.
c) En el Título I.
d) En el Título II.

7. La Constitución Española fue sancionada por:

a) El Rey.
b) El Presidente del Congreso.
c) Las Cortes Generales.
d) El Presidente del Gobierno.

8. ¿Cuáles de los siguientes españoles de origen pueden ser privados de su nacionalidad?

a) Exclusivamente los miembros de grupos terroristas.

b) Los miembros de grupos terroristas y los que atenten contra el Rey u otro miembro de la Casa Real.

c) Los que atenten contra un miembro de la Familia Real o del Gobierno de la Nación.

d) Ningún español de origen podrá ser privado de su nacionalidad.

9. Según la CE son fundamentos del orden político y la paz social:

a) La dignidad de la persona, los derechos violables que les son inherentes y el respeto a la ley.

b) La dignidad de la persona, el desarrollo limitado de la personalidad y el respeto a la ley.

c) El respeto a la ley, a los reglamentos administrativos y demás disposiciones legales.

d) La dignidad de la persona, los derechos inviolables que le son inherentes, el libre desarrollo de su personalidad, el respeto a la ley y a los derechos de los demás.

10. ¿Cuál de los siguientes es considerado por la CE como uno de los valores superiores del ordenamiento jurídico?

a) La jerarquía normativa.
b) El pluralismo político.
c) La publicidad normativa.
d) La equidad.

En MADTEST tienes **más preguntas de este tema** y todos tus avances quedan registrados y se reflejan en el ranking.

¡Supera tus límites con MADTEST!

Solución al test n.º 1

1. b) En la indisoluble unidad de la Nación española.

2. c) Tienen el deber de conocer y el derecho de usar el castellano.

3. d) De las nacionalidades y regiones que la integran.

4. d) Las respuestas b) y c) son correctas.

5. a) Aprobada por las Cortes el 31 de octubre de 1978, ratificada por el pueblo en referéndum el 6 de diciembre de 1978 y publicada el 29 de diciembre de 1978.

6. b) En el Preámbulo.

7. a) El Rey.

8. d) Ningún español de origen podrá ser privado de su nacionalidad.

9. d) La dignidad de la persona, los derechos inviolables que le son inherentes, el libre desarrollo de su personalidad, el respeto a la ley y a los derechos de los demás.

10. b) El pluralismo político.

TEST N.º 2

**La Corona. Las Cortes Generales. El Gobierno de la Nación.
El Poder Judicial. Clases de normas y jerarquía normativa.
Organización territorial del Estado**

1. Las Cámaras se reúnen en sesiones:

a) Ordinarias y extraordinarias.
b) Simples o conjuntas.
c) Ordinarias, extraordinarias y conjuntas.
d) Ordinarias, extraordinarias y de urgencia.

2. Para adoptar acuerdos, las Cámaras deben estar reunidas reglamentariamente y con asistencia de la mayoría de sus miembros. Dichos acuerdos, para ser válidos, deberán ser aprobados:

a) Por la mayoría de los miembros presentes.
b) Por mayoría absoluta de sus miembros.
c) Por los 3/5 de cada una de las Cámaras.
d) Por los 2/3 del conjunto de las Cámaras.

3. ¿En qué plazo deberá ser convocado el Congreso electo tras la celebración de elecciones?

a) Entre los 30 y 60 días siguientes.
b) Dentro de los 25 días siguientes.
c) Entre los 10 y 30 días siguientes.
d) Dentro de los 30 días siguientes.

4. En las causas contra Diputados y Senadores será competente:

a) La Sala de lo Civil del Tribunal Supremo.
b) La Sala de lo Social del Tribunal Supremo.

c) La Sala de lo Contencioso-Administrativo del Tribunal Supremo.
d) La Sala de lo Penal del Tribunal Supremo.

5. Las Diputaciones Permanentes estarán presididas por:

a) El diputado de mayor edad.
b) El diputado del grupo parlamentario más numeroso.
c) El Presidente del Gobierno.
d) El Presidente de la Cámara respectiva.

6. ¿Cuántos Senadores corresponderán a Menorca?

a) 1.
b) 2.
c) 3.
d) 4.

7. Las sesiones conjuntas del Senado y del Congreso serán presididas:

a) Por el Rey.
b) Por el Presidente del Gobierno.
c) Por el Presidente del Congreso.
d) Por el Presidente del Senado.

8. Los Senadores por provincias se elegirán por:

a) Sufragio universal, libre, igual, directo y secreto.
b) Sufragio directo, libre, igual, directo y secreto.
c) Sufragio internacional, directo, igual y secreto.
d) Sufragio universal, libre, secreto, igual y secreto.

9. Para que un Diputado o Senador pueda ser inculpado o procesado será requisito indispensable:

a) Que así lo determine el Tribunal Supremo.
b) Que así lo determine el Tribunal Constitucional.
c) Que así lo determine la Audiencia Nacional.
d) Que así lo autorice su respectiva Cámara.

10. Señala la respuesta correcta:

a) El Congreso de los Diputados es la Cámara de representación territorial.
b) Las poblaciones de Ceuta y Melilla elegirán cada una de ellas un Senador.

c) Son electores y elegibles todos los españoles que estén en pleno uso de sus derechos políticos.

d) El art. 68 de la Carta Magna dispone que el Congreso se compone de un mínimo de 350 y un máximo de 400 Diputados.

En MADTEST tienes **más preguntas de este tema** y todos tus avances quedan registrados y se reflejan en el ranking.

¡Supera tus límites con MADTEST!

Solución al test n.º 2

1. c) Ordinarias, Extraordinarias y Conjuntas.

2. a) Por la mayoría de los miembros presentes.

3. b) Dentro de los 25 días siguientes.

4. d) La Sala de lo Penal del Tribunal Supremo.

5. d) El Presidente de la Cámara respectiva.

6. a) 1.

7. c) Por el Presidente del Congreso.

8. a) Sufragio universal, libre, igual, directo y secreto.

9. d) Que así lo autorice su respectiva Cámara.

10. c) Son electores y elegibles todos los españoles que estén en pleno uso de sus derechos políticos.

TEST N.º 3

El Estatuto de Autonomía en Aragón. Principios informadores. Estructura y contenido. La organización institucional de la Comunidad Autónoma. Las Cortes y el Justicia de Aragón. Las competencias de la Comunidad de Aragón con especial referencia a las relativas a sanidad

1. Los poderes de la Comunidad Autónoma de Aragón emanan:

a) Del pueblo Aragonés y del Español.
b) Del Pueblo Aragonés y del Estatuto de Autonomía.
c) Del pueblo Aragonés y de la Constitución.
d) De la Nación Aragonesa.

2. La Constitución define los Estatutos de Autonomía como:

a) La norma fundamental de la Comunidad Autónoma.
b) La norma Institucional básica de cada Comunidad Autónoma que el Estado reconoce y ampara como parte integrante de su Ordenamiento Jurídico.
c) La norma Institucional básica de cada Comunidad Autónoma de su Ordenamiento Jurídico Especifico.
d) La norma fundamental de cada Comunidad Autónoma amparada por el Estado.

3. ¿Qué rango normativo tiene el Estatuto de Autonomía de Aragón?

a) Ley Orgánica.
b) Ley de Bases.
c) Ley.
d) Decreto-Ley.

4 ¿Cómo se define a Aragón en el Estatuto de Autonomía?

a) Nacionalidad.
b) Nación.

c) Nacionalidad Histórica.

d) Realidad nacional.

5. ¿Quiénes gozan de la condición política de aragoneses?

a) Los ciudadanos españoles.

b) Los ciudadanos españoles que tengan la vecindad administrativa en cualquier de los municipios de Aragón o cumplan los requisitos que la legislación pueda establecer.

c) Todos aquellos que tengan vecindad en cualquiera de los municipios de Aragón.

d) Los ciudadanos españoles que tengan vecindad administrativa en cualquier de los municipios de Aragón.

6. Según el Estatuto de Autonomía, los derechos y libertades de los Aragoneses y Aragonesas son:

a) Los reconocidos en la Constitución, los incluidos en la declaración universal de los Derecho Humanos y en los demás instrumentos internacionales de protección de los mismos suscritos y ratificados por España, así como los establecidos en el ámbito de la Comunidad Autónoma por el Estatuto.

b) Los reconocidos en la Constitución, los incluidos en la Carta de Derechos de la Unión Europea y en los demás instrumentos internacionales de protección de los mismos suscritos y ratificados por España, así como los establecidos en el ámbito de la Comunidad Autónoma por el presente estatuto.

c) Los reconocidos en la Constitución, los incluidos en la declaración universal de los Derecho Humanos y en los demás instrumentos internacionales de protección de los mismos suscritos y ratificados por Aragón.

d) Ninguna es correcta.

7. ¿Cómo se estructura el articulado del Estatuto de Autonomía de Aragón?

a) En un preámbulo, nueve títulos, seis disposiciones adicionales, cinco disposiciones transitorias, una disposición derogatoria y una disposición final.

b) En un título preliminar y nueve títulos.

c) En nueve títulos, cinco disposiciones adicionales y una disposición derogatoria.

d) En diez títulos, seis disposiciones adicionales y una disposición final.

8. ¿A quién es aplicable del Derecho Foral Aragonés?

a) A los residentes en Aragón.

b) A los que ostenten la vecindad civil aragonesa residentes en Aragón.

c) A los españoles residentes en Aragón.

d) A los que ostenten la vecindad aragonesa independientemente del lugar de su residencia.

9. Aragón se estructura territorialmente en:

a) Municipios, Comarcas y Provincias.
b) Provincias.
c) Provincias y Municipios.
d) Provincias y Comarcas.

10. El territorio de la Comunidad Autónoma se corresponde:

a) Con el de las provincias de Zaragoza, Huesca y Teruel.
b) Con el de las comarcas de Aragón.
c) Con el histórico de Aragón comprendiendo el de los municipios, comarcas y provincias de Huesca, Teruel y Zaragoza.
d) Con el de los municipios de Aragón.

En MADTEST tienes **más preguntas de este tema** y todos tus avances quedan registrados y se reflejan en el ranking.

¡Supera tus límites con MADTEST!

Solución al test n.º 3

1. c) Del pueblo Aragonés y de la Constitución.

2. b) La norma Institucional básica de cada Comunidad Autónoma que el Estado reconoce y ampara como parte integrante de su Ordenamiento Jurídico.

3. a) Ley Orgánica.

4. c) Nacionalidad Histórica.

5. b) Los ciudadanos españoles que tengan la vecindad administrativa en cualquiera de los municipios de Aragón o cumplan los requisitos que la legislación pueda establecer.

6. a) Los reconocidos en la Constitución, los incluidos en la declaración universal de los Derecho Humanos y en los demás instrumentos internacionales de protección de los mismos suscritos y ratificados por España, así como los establecidos en el ámbito de la Comunidad Autónoma por el Estatuto.

7. b) En un título preliminar y nueve títulos.

8. d) A los que ostenten la vecindad aragonesa independientemente del lugar de su residencia.

9. a) Municipios, Comarcas y Provincias.

10. c) Con el histórico de Aragón comprendiendo el de los municipios, comarcas y provincias de Huesca, Teruel y Zaragoza.

TEST N.º 4

Población, geografía y territorio en Aragón. Desequilibrios demográficos en Aragón. Magnitudes más relevantes de la economía aragonesa. Evolución reciente de la actividad económica en Aragón

1. ¿Cómo se califican a las zonas formadas por municipios de más de 10.000 habitantes?

a) Rurales.
b) Intermedias.
c) Urbanas.
d) Periurbanas.

2. Según el Instituto Aragonés de Estadística, ¿cuál es el tramo de edad con mayor presencia, tanto de mujeres como de hombres, en la población de Aragón?

a) De 35 a 54 años.
b) De 55 a 64 años.
c) De 65 a 84 años.
d) 85 y más años.

3. De la población extranjera empadronada en municipios aragoneses, ¿cuál es la procedencia que representa el porcentaje más elevado de extranjeros?

a) África.
b) Asia.
c) Europa.
d) América.

4. El fenómeno de la macrocefalia se refiere:

a) A la tenencia de saldo vegetativo negativo en Aragón.
b) A la superpoblación de los municipios próximos a la capital autonómica.

c) Al desequilibrio territorial.

d) Al envejecimiento de la población en las zonas con menor densidad de población.

5. A los efectos de la aplicación de la Ley 45/2007, de 13 de diciembre, para el desarrollo sostenible del medio rural en Aragón, cada comarca equivale a una zona rural. ¿Cuál de las siguientes comarcas tiene la consideración de zona rural a revitalizar?

a) Bajo Aragón.

b) Campo de Cariñena.

c) Tarazona y el Moncayo.

d) Ribera Alta del Ebro.

6. Según la Ley 45/2007, de 13 de diciembre, ¿cuál es una característica propia de las zonas rurales periurbanas?

a) Zonas en las que predomina el empleo en el sector terciario.

b) Zonas con una densidad de población media.

c) Zonas con escasa densidad de población.

d) Zonas con bajos niveles de renta.

7. En aplicación de la Ley 45/2007, ¿cuál de las siguientes comarcas no tiene la consideración de zona rural intermedia?

a) Hoya de Huesca.

b) Litera.

c) Aranda.

d) Valdejalón.

8. El Plan de Zona en el que se deja constancia de la estrategia de desarrollo rural establecida para esa comarca se aprueba:

a) Por el Gobierno de Aragón.

b) Por la Administración General del Estado.

c) Por las Entidades Locales implicadas.

d) Por el Gobierno de Aragón y la Administración General del Estado.

9. ¿Cuál de las siguientes constituye una causa del fenómeno de la despoblación en Aragón?

a) El crecimiento vegetativo negativo.

b) El abandono de los pueblos.

c) La elevada dispersión de la población.

d) El acceso a los servicios públicos.

10. ¿Cuál es el sector predominante en la economía aragonesa?

a) Industria.
b) Agricultura.
c) Servicios.
d) Actividades energéticas.

En MADTEST tienes **más preguntas de este tema** y todos tus avances quedan registrados y se reflejan en el ranking.

¡Supera tus límites con MADTEST!

Solución al test n.º 4

1. c) Urbanas.

2. a) De 35 a 54 años.

3. c) Europa.

4. b) A la superpoblación de los municipios próximos a la capital autonómica.

5. c) Tarazona y el Moncayo.

6. a) Zonas en las que predomina el empleo en el sector terciario.

7. d) Valdejalón.

8. d) Por el Gobierno de Aragón y la Administración General del Estado.

9. a) El crecimiento vegetativo negativo.

10. c) Servicios.

TEST N.º 5

La igualdad de oportunidades entre mujeres y hombres en Aragón: Disposiciones generales. Prevención y Protección Integral a las Mujeres Víctimas de Violencia en Aragón: Disposiciones Generales. La identidad y expresión de género e igualdad social y no discriminación en la Comunidad Autónoma de Aragón: Disposiciones Generales. La diversidad cultural y lucha contra la discriminación: Principios y objetivos del Plan para la Gestión de la Diversidad vigente en Aragón

1. Según el artículo 9.2: de la Constitución, "corresponde a los poderes públicos .... las condiciones para que la libertad y la igualdad del individuo y de los grupos en que se integra sean reales y efectivas; .... los obstáculos que impidan o dificulten su plenitud y .... la participación de todos los ciudadanos en la vida política, económica, cultural y social.". Qué 3 verbos faltan en la anterior frase:

a) Promover, remover y facilitar.
b) Impulsar, superar y posibilitar.
c) Crear, eliminar y alentar.
d) Facilitar, disminuir y promover.

2. La ley que regula a nivel estatal la igualdad efectiva de mujeres y hombres, es:

a) La Ley 3/2007, de 12 de marzo.
b) La Ley orgánica 22/2007, de 3 de abril.
c) La Ley orgánica 3/2007, de 22 de marzo.
d) El Decreto Legislativo 7/2003, de 23 de mayo.

3. Señala la opción incorrecta. Según el artículo 3 de la LO 3/2007, el principio de igualdad de trato entre mujeres y hombres supone la ausencia de toda discriminación, directa o indirecta, por razón de sexo, y especialmente, las derivadas de:

a) La maternidad.
b) La tendencia sexual.

c) La asunción de obligaciones familiares.

d) El estado civil.

4. Según el artículo 4 de la LO 3/2007, la igualdad de trato y de oportunidades entre mujeres y hombres:

a) Es un deber de las Administraciones Públicas.

b) Es una fuente formal del Derecho.

c) Es un principio informador del ordenamiento jurídico.

d) Es un objetivo fundamental del procedimiento administrativo.

5. La situación en que se encuentra una persona que sea, haya sido o pudiera ser tratada, en atención a su sexo, de manera menos favorable que otra en situación comparable, se considera:

a) Discriminación directa.

b) Acoso sexual.

c) Discriminación indirecta.

d) Violencia de género.

6. Una diferencia de trato basada en una característica relacionada con el sexo ¿constituye discriminación en el acceso al empleo?

a) Sí, en todo caso.

b) No, siempre que la formación necesaria se base en dicha característica.

c) No, siempre que dicha característica constituya un requisito profesional esencial y determinante.

d) No, si debido a la naturaleza de las actividades profesionales concretas o al contexto en el que se lleven a cabo, dicha característica constituya un requisito profesional esencial y determinante, siempre y cuando el objetivo sea legítimo y el requisito proporcionado.

7. A los efectos de la LO 3/2007, definimos como acoso sexual:

a) Cualquier comportamiento realizado en función del sexo de una persona, con el propósito o el efecto de atentar contra su dignidad y de crear un entorno intimidatorio, degradante u ofensivo.

b) La situación en que una disposición, criterio o práctica aparentemente neutros pone a personas de un sexo en desventaja particular con respecto a personas del otro, salvo que dicha disposición, criterio o práctica puedan justificarse objetivamente en atención a una finalidad legítima y que los medios para alcanzar dicha finalidad sean necesarios y adecuados.

c) Todo trato desfavorable a las mujeres relacionado con el embarazo o la maternidad.

d) Cualquier comportamiento, verbal o físico, de naturaleza sexual que tenga el propósito o produzca el efecto de atentar contra la dignidad de una persona, en particular cuando se crea un entorno intimidatorio, degradante u ofensivo.

8. Según el artículo 10 de la LO 3/2007, los actos y las cláusulas de los negocios jurídicos que constituyan o causen discriminación por razón de sexo se considerarán:

a) Válidos, pero anulables.
b) Nulos y sin efecto.
c) Ilegales.
d) Nulos, pero con efectos.

9. Conforme al artículo 12 de la LO 3/2007, cualquier persona podrá recabar de los tribunales la tutela del derecho a la igualdad entre mujeres y hombres, de acuerdo con lo establecido en el artículo 53.2 de la Constitución:

a) Siempre que la relación en la que supuestamente se produce la discriminación se encuentre vigente.
b) Incluso tras la terminación de la relación en la que supuestamente se ha producido la discriminación.
c) Siempre que se haya dado por terminada la relación en la que supuestamente se produce la discriminación.
d) A menos que se haya procedido a la suspensión de la relación en la que supuestamente se produce la discriminación.

10. La capacidad y la legitimación para intervenir en los procesos civiles, sociales y contencioso-administrativos que versen sobre la defensa del derecho de igualdad entre mujeres y hombres, corresponden a:

a) La persona acosada, únicamente.
b) Cualquier ciudadano.
c) Las personas físicas y jurídicas con interés legítimo.
d) Cualquier persona jurídica.

En MADTEST tienes **más preguntas de este tema** y todos tus avances quedan registrados y se reflejan en el ranking.

¡Supera tus límites con MADTEST!

Solución al test n.º 5

1. a) Promover, remover y facilitar.

2. c) La Ley orgánica 3/2007, de 22 de marzo.

3. b) La tendencia sexual.

4. c) Es un principio informador del ordenamiento jurídico.

5. a) Discriminación directa.

6. d) No, si debido a la naturaleza de las actividades profesionales concretas o al contexto en el que se lleven a cabo, dicha característica constituya un requisito profesional esencial y determinante, siempre y cuando el objetivo sea legítimo y el requisito proporcionado.

7. d) Cualquier comportamiento, verbal o físico, de naturaleza sexual que tenga el propósito o produzca el efecto de atentar contra la dignidad de una persona, en particular cuando se crea un entorno intimidatorio, degradante u ofensivo.

8. b) Nulos y sin efecto.

9. b) Incluso tras la terminación de la relación en la que supuestamente se ha producido la discriminación.

10. c) Las personas físicas y jurídicas con interés legítimo.

TEST N.º 6

**La Ley General de Sanidad: El Sistema Nacional de Salud
y los Servicios de Salud de las Comunidades Autónomas.
El Área de Salud. La Ley de Salud de Aragón. Principios rectores.
Derechos, deberes y garantías de los ciudadanos. Derechos de
información sobre la salud y autonomía del paciente**

1. El Sistema Nacional de Salud es:

a) El operador que regula los aspectos básicos de las profesiones sanitarias tituladas en lo que se refiere a su ejercicio por cuenta propia o ajena.

b) Los centros, servicios y establecimientos de la propia Comunidad, Diputaciones, Ayuntamientos y cualesquiera otras Administraciones territoriales intracomunitarias, que estará gestionado bajo la responsabilidad de la respectiva Comunidad Autónoma.

c) El conjunto de los Servicios de Salud de la Administración del Estado y de los Servicios de Salud de las Comunidades Autónomas .

d) La ordenación territorial de los Servicios de Salud del Estado, de las comunidades autónomas y de las organizaciones y entidades privadas.

2. ¿De cuántos artículos consta la Ley 14/1986 de 25 de abril, General de Sanidad?

a) 109.
b) 111.
c) 113.
d) 116.

3. La Ley 14/1986 de 25 de abril, General de Sanidad, se estructura en:

a) Un Título Preliminar, siete Títulos, diez Disposiciones Adicionales, seis Disposiciones Transitorias, dos Disposiciones Derogatorias y dieciséis Disposiciones Finales.

b) Un Título Preliminar, seis Títulos, diez Disposiciones Adicionales, siete Disposiciones Transitorias, dos Disposiciones Derogatorias y dieciséis Disposiciones Finales.

c) Un Título Preliminar, siete Títulos, diez Disposiciones Adicionales, siete Disposiciones Transitorias, tres Disposiciones Derogatorias y dieciséis Disposiciones Finales.

d) Un Título Preliminar, siete Títulos, diez Disposiciones Adicionales, seis Disposiciones Transitorias, tres Disposiciones Derogatorias y dieciséis Disposiciones Finales.

4. ¿Qué artículo de nuestra Carta Magna reconoce el derecho a la protección de la salud?

a) El art. 9.1.
b) El art. 9.2.
c) El art. 43.1.
d) El art. 49.1.

5. La Ley 14/1986, de 25 de abril, General de Sanidad, establece que las piezas básicas de los Servicios de Salud de las Comunidades Autónomas son:

a) Las Áreas de Salud.
b) Los Distritos Sanitarios.
c) Las Comarcas Sanitarias.
d) Las Zonas de Salud.

6. La Ley 14/1986, de 25 de abril, General de Sanidad, tiene como objeto:

a) Establecer el marco legal para las acciones de coordinación y cooperación de las Administraciones públicas sanitarias, en el ejercicio de sus respectivas competencias.
b) La regulación de los aspectos básicos de las profesiones sanitarias tituladas.
c) La regulación de los derechos y obligaciones de los pacientes, usuarios y profesionales, así como de los centros y servicios sanitarios, públicos y privados.
d) La regulación general de todas las acciones que permitan hacer efectivo el derecho a la protección de la salud reconocido en el artículo 43 de la Constitución Española.

7. Las Áreas de Salud se delimitan teniendo en cuenta factores:

a) Climatológicos y de dotación de vías y medios de comunicación.
b) Geográficos y demográficos.
c) Socioeconómicos y culturales.
d) Todas las respuestas son correctas.

8. Como regla general el área de salud extenderá su acción a una población:

a) No inferior a 100.000 habitantes ni superior a 150.000.
b) No inferior a 200.000 habitantes ni superior a 250.000.
c) No inferior a 250.000 habitantes ni superior a 300.000.
d) No inferior a 300.000 habitantes ni superior a 500.000.

9. ¿Qué Comunidades Autónomas y/o Ciudades Autónomas se exceptúan de la regla que hemos visto en la pregunta anterior, pudiéndose acomodar a sus específicas peculiaridades?

a) Baleares, Ceuta y Melilla.
b) Baleares y Canarias.

c) Canarias, Ceuta y Melilla.
d) Baleares, Canarias, Ceuta y Melilla.

10. Según dispone al artículo 56.5 LGS, cada provincia tendrá, en todo caso y como mínimo:

a) Un área de salud.
b) Dos áreas de salud.
c) Tres áreas de salud.
d) Cuatro áreas de salud.

En MADTEST tienes **más preguntas de este tema** y todos tus avances quedan registrados y se reflejan en el ranking.

¡Supera tus límites con MADTEST!

Solución al test n.º 6

1. c) El conjunto de los Servicios de Salud de la Administración del Estado y de los Servicios de Salud de las Comunidades Autónomas.

2. d) 116.

3. a) Un Título Preliminar, siete Títulos, diez Disposiciones Adicionales, seis Disposiciones Transitorias, dos Disposiciones Derogatorias y dieciséis Disposiciones Finales.

4. c) El art. 43.1.

5. a) Las Áreas de Salud.

6. d) La regulación general de todas las acciones que permitan hacer efectivo el derecho a la protección de la salud reconocido en el 43 de la Constitución Española.

7. d) Todas las respuestas son correctas.

8. b) No inferior a 200.000 habitantes ni superior a 250.000.

9. d) Baleares, Canarias, Ceuta y Melilla.

10. a) Un área de salud.

TEST N.º 7

El Departamento de Sanidad del Gobierno de Aragón: Estructura básica y competencias. El Servicio Aragonés de Salud: Estructura y competencias. El Texto Refundido de la Ley del Servicio Aragonés de Salud. Estructura y funcionamiento de las áreas y sectores del Sistema de Salud de Aragón

1. Las zonas de salud serán delimitadas por:

a) Las Cortes de Aragón.
b) El Consejo de Gobierno.
c) El Departamento responsable de salud.
d) El Consejo de Salud de Aragón.

2. No es una competencia del Departamento de Sanidad de Aragón:

a) Definir y desarrollar las Estrategias de Salud en la Comunidad Autónoma.
b) Planificar, evaluar y controlar la organización asistencial del Sistema de Salud de Aragón.
c) Proceder a la estructuración, ordenación y planificación territorial en materia de salud.
d) Aprobar el Plan de Salud de Aragón.

3. Corresponde al Consejero de Sanidad:

a) Aprobar la estructura orgánica de su Departamento.
b) Aprobar el presupuesto de su Departamento.
c) Aprobar el reglamento del Servicio Aragonés de Salud.
d) Aprobar la memoria anual de actuación del Servicio Aragonés de Salud.

4. ¿A qué Dirección está adscrito el Servicio de Seguridad Alimentaria y Salud Ambiental?

a) Dirección General de Asistencia Sanitaria y Planificación.
b) Dirección General de Salud Pública.

c) Dirección General de Salud Digital e Infraestructuras.
d) Dirección General de Cuidados y Humanización.

5. NO es un Servicio de la Dirección General de Asistencia Sanitaria y Planificación:

a) Servicio de Personal, Planificación y Coordinación.
b) Servicio de Oferta Asistencial.
c) Servicio de Prestaciones y Contratación Sanitaria.
d) Servicio de Estrategias de Salud y Formación.

6. ¿A qué órgano se adscribe el Servicio de Cuidados y Alfabetización en Salud?

a) A la Secretaría General Técnica.
b) A la DG de Asistencia Sanitaria y Planificación.
c) A la DG de Salud Digital e Infraestructuras.
d) A la DG de Cuidados y Humanización.

7. ¿A quién corresponde el seguimiento y control de la prestación de incapacidad temporal?

a) A los Servicios Provinciales.
b) A los Centros de Salud.
c) Al Servicio de Prevención de Riesgos laborales.
d) A los Equipos de Salud correspondientes.

8. ¿Cuál de los siguientes organismos públicos no está adscrito al Departamento de Sanidad?

a) Servicio Aragonés de Salud.
b) Instituto Aragonés de Ciencias de la Salud.
c) Banco de Sangre y Tejidos.
d) Instituto Aragonés de Servicios Sociales.

9. El Servicio de Evaluación y Acreditación forma parte de la estructura de:

a) La Dirección General de Salud Digital e Infraestructuras.
b) La Secretaría General Técnica.
c) La Dirección General de Salud Pública.
d) La Dirección General de Asistencia Sanitaria y Planificación.

10. No es un órgano de la Secretaría General Técnica del Departamento de Sanidad:

a) Servicio de Información, Transparencia y Participación.
b) Servicio de Gestión Económica, Contratación y Asuntos Generales.
c) Servicio de Personal, Planificación y Coordinación.
d) Servicio de Asuntos Jurídicos.

En MADTEST tienes **más preguntas de este tema** y todos tus avances quedan registrados y se reflejan en el ranking.

¡Supera tus límites con MADTEST!

Solución al test n.º 7

1. c) El Departamento responsable de salud.

2. d) Aprobar el Plan de Salud de Aragón.

3. d) Aprobar la memoria anual de actuación del Servicio Aragonés de Salud.

4. b) Dirección General de Salud Pública.

5. a) Servicio de Personal, Planificación y Coordinación.

6. d) A la DG de Cuidados y Humanización.

7. a) A los Servicios Provinciales.

8. d) Instituto Aragonés de Servicios Sociales.

9. d) La Dirección General de Asistencia Sanitaria y Planificación.

10. a) Servicio de Información, Transparencia y Participación.

TEST N.º 8

**Personal Estatutario de los Servicios de Salud (I).
Clasificación del Personal Estatutario. Derechos y Deberes.
Adquisición y pérdida de la condición de personal estatutario.
Provisión de plazas, selección y promoción interna.
Movilidad del personal**

1. Conforme al artículo 9.1 del Estatuto Marco (en redacción dada por el Real Decreto-ley 12/2022, de 5 de julio, por el que se modifica la Ley 55/2003, de 16 de diciembre, del Estatuto Marco del personal estatutario de los servicios de salud), los nombramientos del Personal Estatutario Temporal de los Servicios de Salud serán:

a) Únicamente de Personal Estatutario Sanitario.
b) Personal Estatutario Contratado.
c) De interinidad.
d) Como Personal Laboral.

2. Conforme al artículo 6.2 de la Ley 55/2003, de 16 de diciembre, del Estatuto Marco del personal estatutario de los servicios de salud, atendiendo al nivel académico del título exigido para el ingreso, el personal estatutario sanitario de formación profesional se divide en:

a) Técnicos sanitarios y Auxiliares de Enfermería.
b) Técnicos superiores y Técnicos.
c) Técnicos superiores y Técnicos de gestión.
d) Técnicos especialistas y Técnicos.

3. Podrá concurrir a las pruebas selectivas, por el sistema de promoción interna, el personal estatutario fijo que se encuentre en servicio activo y con nombramiento como personal estatutario fijo, en la categoría de procedencia, durante al menos:

a) 2 años.
b) 3 años.

c) 4 años.
d) 5 años.

4. Quienes no acrediten, una vez superado el proceso selectivo, que reúnen los requisitos y condiciones exigidos en la convocatoria:

a) No podrán ser nombrados hasta que subsanen el defecto.
b) No podrán ser nombrados, y quedarán sin efecto sus actuaciones.
c) Podrán ser nombrados de forma condicional.
d) Una vez superado el proceso selectivo, se entiende que reúne los requisitos exigidos, salvo prueba en contrario.

5. No es causa de extinción de la condición de personal estatutario fijo:

a) La renuncia.
b) La jubilación.
c) La sanción disciplinaria firme de separación del servicio.
d) La incapacidad temporal.

6. La recuperación de la condición de personal estatutario:

a) Supondrá la simultánea declaración del interesado en la situación de excedencia voluntaria, salvo en el caso de que se hubiera perdido como consecuencia de incapacidad.
b) Supondrá la simultánea declaración del interesado en la situación de excedencia voluntaria.
c) Supondrá la reincorporación del interesado a su puesto anterior.
d) Supondrá la reincorporación del interesado a su puesto en reingreso provisional.

7. La renuncia a la condición de personal estatutario, en los casos en que no exista un expediente disciplinario abierto, deberá ser solicitada por el interesado con una antelación mínima a su efectividad:

a) En cualquier momento.
b) De 15 días.
c) Tiene carácter voluntario y no está sometida a preaviso.
d) De un mes.

8. Entre los siguientes derechos que le reconoce el Estatuto Marco al personal estatutario, no figura el derecho individual a:

a) La estabilidad en el empleo.
b) El respeto a la dignidad e intimidad personal en el trabajo.
c) La formación continuada adecuada a la función desempeñada.
d) La inamovilidad del puesto de trabajo.

9. El personal estatutario de los servicios de salud tiene el deber de:

a) Participar en la elaboración de los convenios colectivos.

b) Realizar sus funciones fuera del horario y jornada habitual.

c) Realizar actividades sindicales.

d) Respetar la Constitución, el Estatuto de Autonomía correspondiente y el resto del ordenamiento jurídico.

10. Solo una de las siguientes afirmaciones referidas a la "movilidad voluntaria" es cierta dentro de las prescripciones del Estatuto Marco del personal estatutario. ¿Cuál?

a) Los procedimientos se han de efectuar cada dos años.

b) Se garantiza en términos de igualdad efectiva entre los diferentes Servicios de Salud.

c) En casos excepcionales se pueden resolver los procedimientos por libre designación.

d) El plazo posesorio en el nuevo destino es siempre de un mes.

En MADTEST tienes **más preguntas de este tema** y todos tus avances quedan registrados y se reflejan en el ranking.

¡Supera tus límites con MADTEST!

Solución al test n.º 8

1. c) De interinidad.

2. b) Técnicos superiores y Técnicos.

3. a) 2 años.

4. b) No podrán ser nombrados, y quedarán sin efecto sus actuaciones.

5. d) La incapacidad temporal.

6. a) Supondrá la simultánea declaración del interesado en la situación de excedencia voluntaria, salvo en el caso de que se hubiera perdido como consecuencia de incapacidad.

7. b) De 15 días.

8. d) La inamovilidad del puesto de trabajo.

9. d) Respetar la Constitución, el Estatuto de Autonomía correspondiente y el resto del ordenamiento jurídico.

10. b) Se garantiza en términos de igualdad efectiva entre los diferentes Servicios de Salud.

TEST N.º 9

Estatuto Marco del Personal Estatutario de los Servicios de Salud (II). Retribuciones. Jornada de trabajo, permisos y licencias. Situaciones del personal estatutario. Régimen disciplinario. Estatuto Básico del Empleado Público: Deberes del empleado público y código de conducta. Representación, participación y negociación colectiva. Incompatibilidades. Principios generales. Ámbito de aplicación

1. Son faltas muy graves:

a) La falta de obediencia debida a los superiores.

b) El acoso sexual, cuando el sujeto activo del acoso cree con su conducta un entorno laboral intimidatorio, hostil o humillante para la persona que es objeto del mismo.

c) El incumplimiento del deber de respeto a la Constitución o al respectivo Estatuto de Autonomía en el ejercicio de sus funciones.

d) La aceptación de cualquier tipo de contraprestación por los servicios prestados a los usuarios de los Servicios de Salud.

2. El funcionario sancionado con la separación del servicio no podrá concurrir a las pruebas de selección para la obtención de la condición de personal estatutario fijo, ni prestar servicios como personal estatutario temporal, durante:

a) Los 6 años siguientes.

b) Los 5 años siguientes.

c) Los 10 años siguientes.

d) La separación del servicio es definitiva.

3. Según el art. 72.2 del Estatuto Marco, tendrá la consideración de falta muy grave:

a) Intervenir en un procedimiento administrativo cuando se dé alguna de las causas de abstención legalmente señaladas.

b) Toda actuación que suponga discriminación por razones ideológicas, morales, políticas, sindicales, de raza, lengua, género, religión o circunstancias económicas, personales o sociales, tanto del personal como de los usuarios.

c) El incumplimiento injustificado de la jornada de trabajo que acumulado suponga más de 20 horas al mes.

d) La incorrección con los superiores, compañeros, subordinados o usuarios.

4. De las siguientes, la sanción que se aplicará al personal estatutario por la comisión de falta grave será:

a) Suspensión de funciones.
b) Traslado forzoso con cambio de localidad.
c) Separación del servicio.
d) Apercibimiento.

5. Las Comunidades Autónomas, en el ámbito de sus competencias, determinarán la limitación máxima de la jornada a tiempo parcial respecto a la jornada completa, con el límite máximo del:

a) Setenta y cinco por ciento de la jornada ordinaria, en cómputo anual.
b) Veinticinco por ciento de la jornada ordinaria, en cómputo anual.
c) Sesenta por ciento de la jornada ordinaria, en cómputo anual.
d) Cincuenta por ciento de la jornada ordinaria, en cómputo anual.

6. Entre los derechos reconocidos en el mismo Estatuto Marco (artículo 50) a los profesionales, está el de tener un periodo de descanso durante la jornada que no puede ser inferior a 15 minutos, siempre que la jornada:

a) Exceda de 6 horas continuadas.
b) Sea de seis horas continuadas.
c) No se tenga reducida por algún motivo.
d) Sea jornada ordinaria y no jornada complementaria.

7. Según el Estatuto Marco del personal estatutario, la situación de excedencia voluntaria por interés particular obliga a un periodo mínimo de permanencia en ella de:

a) Un año.
b) Dos años.
c) Doce meses.
d) No establece periodo mínimo.

8. De acuerdo con el régimen disciplinario del personal estatutario, se considera muy grave:

a) El abandono del servicio.
b) El abuso de autoridad en el ejercicio de sus funciones.
c) Falta de obediencia debida a los superiores.
d) La incorrección con los superiores, compañeros, subordinados o usuarios.

9. El personal estatutario que acceda a plaza de formación sanitaria especializada mediante residencia, será declarado en situación de:

a) Servicios especiales.
b) Servicios bajo otro régimen jurídico.
c) Excedencia voluntaria.
d) Excedencia por servicios en el sector público.

10. Serán objeto de negociación, en su ámbito respectivo y en relación con las competencias de cada Administración Pública y con el alcance que legalmente proceda en cada caso:

a) Las normas que fijen los criterios generales en materia de acceso, carrera, provisión, sistemas de clasificación de puestos de trabajo, y planes e instrumentos de planificación de recursos humanos.

b) Las decisiones de las Administraciones Públicas que afecten a sus potestades de organización.

c) La regulación del ejercicio de los derechos de los ciudadanos y de los usuarios de los servicios públicos, así como el procedimiento de formación de los actos y disposiciones administrativas.

d) La regulación y determinación concreta, en cada caso, de los sistemas, criterios, órganos y procedimientos de acceso al empleo público y la promoción profesional.

En MADTEST tienes **más preguntas de este tema** y todos tus avances quedan registrados y se reflejan en el ranking.

¡Supera tus límites con MADTEST!

47

Solución al test n.º 9

1. c) El incumplimiento del deber de respeto a la Constitución o al respectivo Estatuto de Autonomía en el ejercicio de sus funciones.

2. a) Los 6 años siguientes.

3. b) Toda actuación que suponga discriminación por razones ideológicas, morales, políticas, sindicales, de raza, lengua, género, religión o circunstancias económicas, personales o sociales, tanto del personal como de los usuarios.

4. a) Suspensión de funciones.

5. a) Setenta y cinco por ciento de la jornada ordinaria, en cómputo anual.

6. a) Exceda de 6 horas continuadas.

7. b) Dos años.

8. a) El abandono del servicio.

9. a) Servicios especiales.

10. a) Las normas que fijen los criterios generales en materia de acceso, carrera, provisión, sistemas de clasificación de puestos de trabajo, y planes e instrumentos de planificación de recursos humanos.

TEST N.º 10

Ley de Prevención de Riesgos Laborales: Conceptos básicos. Derechos y obligaciones en materia de seguridad en el trabajo. Organización de la prevención de riesgos laborales en la Comunidad Autónoma de Aragón. Distribución de funciones y responsabilidades en materia de prevención de riesgos laborales entre los diferentes órganos del Servicio Aragonés de Salud

1. ¿Cuál es la vigente Ley de Prevención de Riesgos Laborales?

a) Ley 32/1995, de 8 de noviembre.
b) Ley 30/1996, de 8 de noviembre.
c) Ley 31/1995, de 6 de noviembre.
d) Ley 31/1995, de 8 de noviembre.

2. La Ley de Prevención de Riesgos laborales, tiene por objeto:

a) Prevenir los accidentes en general.
b) Evitar riesgos en el recorrido al puesto de trabajo.
c) Promover la seguridad y la salud de los trabajadores.
d) Que cada vez haya menos accidentes de tráfico.

3. ¿Qué se entiende por "riesgo laboral"?

a) La posibilidad de que un trabajador sufra un determinado daño derivado del trabajo.
b) La posibilidad de que un trabajador sufra una enfermedad en el trabajo.
c) La posibilidad de que un trabajador sufra acoso.
d) El riesgo que supone el ir a trabajar.

4. Indica cuál es la definición de prevención:

a) La probabilidad racional de que un riesgo se materialice de forma inminente.
b) El estudio de los procesos potencialmente peligrosos para el trabajo.

c) Conjunto de actividades o medidas adoptadas o previstas en todas las fases de actividad de la empresa con el fin de evitar o disminuir los riesgos derivados del trabajo.

d) Posibilidad de que un trabajador sufra un determinado daño derivado del trabajo.

5. Según establece el art. 4 de la Ley 31/1995, de 8 de noviembre, de Prevención de Riesgos Laborales, se define como daños derivados del trabajo:

a) La posibilidad de que un trabajador sufra un determinado daño derivado del trabajo.

b) El que resulte probable racionalmente que se materialice en un futuro inmediato y pueda suponer y pueda suponer un daño grave para la salud de los trabajadores.

c) Las enfermedades, patologías o lesiones sufridas con motivo u ocasión del trabajo.

d) Cualquier máquina, aparato, instrumento o instalación utilizada en el trabajo.

6. Señala la respuesta incorrecta:

a) La Ley de Prevención de Riesgos Laborales se aplica a los operativos de Seguridad civil en casos de catástrofe.

b) La Ley de Prevención de Riesgos Laborales se aplica a las sociedades cooperativas.

c) En el ámbito de la relación laboral de carácter especial del servicio del hogar familiar, las personas trabajadoras tienen derecho a una protección eficaz en materia de seguridad y salud en el trabajo.

d) En los establecimientos penitenciarios, se adaptarán a la Ley de Prevención de Riesgos Laborales aquellas actividades cuyas características justifiquen una regulación especial.

7. Para calificar un riesgo desde el punto de vista de su gravedad, se valorarán conjuntamente la severidad del daño y:

a) La probabilidad de que se produzca.

b) La cantidad de trabajadores de la empresa.

c) La existencia o no de equipos individuales de protección.

d) Las condiciones de trabajo.

8. Con el objetivo de detectar y prevenir posibles situaciones en las que los daños derivados del trabajo puedan aparecer vinculados con el sexo de los trabajadores, las Administraciones Públicas promoverán la efectividad del principio de:

a) Corresponsabilidad.

b) Igualdad entre mujeres y hombres.

c) Discriminación positiva.

d) Protección de la maternidad.

9. Según el artículo 8.2 de la Ley 31/1995, el Instituto Nacional de Seguridad y Salud en el Trabajo, en el marco de sus funciones, velará por la coordinación, apoyará el intercambio de información y las experiencias entre las distintas Administraciones públicas y especialmente fomentará y prestará apoyo a la realización de actividades de promoción de la seguridad y de la salud por las Comunidades Autónomas. Asimismo, prestará, de acuerdo con las Administraciones competentes, apoyo técnico especializado en materia de certificación, ensayo y:

a) Evaluación.
b) Normalización.
c) Divulgación.
d) Acreditación.

10. La regulación de los requisitos mínimos que deben reunir las condiciones de trabajo para la protección de la seguridad y la salud de los trabajadores, corresponde a:

a) Las Cortes Generales.
b) El Gobierno de la nación, previa consulta a las organizaciones sindicales y empresariales más representativas.
c) El Consejo de Gobierno de cada Comunidad Autónoma; por delegación del Consejo de Ministros.
d) Los Convenios Colectivos.

En MADTEST tienes **más preguntas de este tema** y todos tus avances quedan registrados y se reflejan en el ranking.

¡Supera tus límites con MADTEST!

Solución al test n.º 10

1. d) Ley 31/1995, de 8 de noviembre.

2. c) Promover la seguridad y la salud de los trabajadores.

3. a) La posibilidad de que un trabajador sufra un determinado daño derivado del trabajo.

4. c) Conjunto de actividades o medidas adoptadas o previstas en todas las fases de actividad de la empresa con el fin de evitar o disminuir los riesgos derivados del trabajo.

5. c) Las enfermedades, patologías o lesiones sufridas con motivo u ocasión del trabajo.

6. a) La Ley de Prevención de Riesgos Laborales se aplica a los operativos de Seguridad civil en casos de catástrofe.

7. a) La probabilidad de que se produzca.

8. b) Igualdad entre mujeres y hombres.

9. d) Acreditación.

10. b) El Gobierno de la nación, previa consulta a las organizaciones sindicales y empresariales más representativas.

TEST
MATERIA ESPECÍFICA

TEST N.º 11

**El régimen jurídico de la protección de datos
de carácter personal. Disposiciones generales.
Principios de la Protección de datos. Derechos de las personas.
Responsable y Encargado del Tratamiento**

**1. El *Reglamento (UE) 2016/679, de 27 de abril, relativo a la protección de las perso-
nas físicas en lo que respecta al tratamiento de datos personales y a la libre circulación
de estos datos* (RGPD) señala al determinar cuál es su objeto, que la libre circulación
de los datos personales en la Unión:**

a) Podrá ser restringida y prohibida por motivos relacionados con la protección de las
personas físicas en lo que respecta al tratamiento de datos personales.
b) Podrá ser restringida, pero no prohibida, por motivos relacionados con la protección de las personas físicas en lo que respecta al tratamiento de datos personales.
c) No podrá ser restringida ni prohibida por motivos relacionados con la protección
de las personas físicas en lo que respecta al tratamiento de datos personales.
d) No podrá ser restringida, pero sí prohibida, por motivos relacionados con la protección de las personas físicas en lo que respecta al tratamiento de datos personales.

**2. En virtud de qué principio previsto por el Reglamento General de Protección
de Datos, los datos personales serán adecuados, pertinentes y limitados a lo necesario en relación con los fines para los que son tratados:**

a) Principio de exactitud.
b) Principio de limitación de la finalidad.
c) Principio de responsabilidad proactiva.
d) Principio de minimización de datos.

**3. En relación al consentimiento, el Reglamento General de Protección de Datos
dispone que:**

a) El consentimiento puede deducirse del silencio o de la inacción de los ciudadanos.
b) Se permite el llamado consentimiento tácito.

c) No es admisible el consentimiento del interesado dado en el contexto de una declaración escrita que también se refiera a otros asuntos.

d) Quienes recopilen datos personales deben ser capaces de demostrar que el afectado les otorgó su consentimiento.

4. Según el artículo 5 del *Reglamento (UE) 2016/679, de 27 de abril, relativo a la protección de las personas físicas en lo que respecta al tratamiento de datos personales y a la libre circulación de estos datos*, los datos personales serán tratados, en relación con el interesado, de manera lícita, leal y:

a) Fiable.
b) Segura.
c) Confidencial.
d) Transparente.

5. Según el *Reglamento (UE) 2016/679, de 27 de abril, relativo a la protección de las personas físicas en lo que respecta al tratamiento de datos personales y a la libre circulación de estos datos*, para poder considerar que el consentimiento del interesado para el tratamiento de sus datos personales es inequívoco:

a) Se requerirá declaración jurada del interesado donde manifieste su conformidad.
b) Se precisa contrato de cesión de datos personales.
c) Deberá existir una declaración del interesado o una acción positiva que manifieste su conformidad.
d) Bastará con el consentimiento por silencio, casillas ya marcadas o inacción.

6. Cuando los plazos se señalen por días en el RGPD o en la LO 3/2018, se entiende que estos:

a) Son naturales.
b) Son hábiles, de lunes a sábado; excluyéndose del cómputo los domingos y los declarados festivos.
c) Son naturales; excluyéndose del cómputo los declarados festivos.
d) Son hábiles, excluyéndose del cómputo los sábados, los domingos y los declarados festivos.

7. El RGPD denomina a la autoridad pública independiente establecida por un Estado miembro:

a) Agencia Nacional de Protección de Datos.
b) Representante.
c) Autoridad de control.
d) Autoridad de referencia.

8. Cómo denomina el RGPD el tratamiento de datos personales de manera tal que ya no puedan atribuirse a un interesado sin utilizar información adicional, siempre que dicha información adicional figure por separado y esté sujeta a medidas técnicas y organizativas destinadas a garantizar que los datos personales no se atribuyan a una persona física identificada o identificable:

a) Seudonimización.
b) Anonimización.
c) Generalización.
d) Encriptación.

9. El RGPD lo define como la persona física o jurídica, autoridad pública, servicio u otro organismo que trate datos personales por cuenta del responsable del tratamiento:

a) El Delegado.
b) El Encargado.
c) El Representante.
d) El Tratante.

10. Conforme al artículo 3 de la LO 3/2018, las personas vinculadas al fallecido por razones familiares o de hecho así como sus herederos:

a) No podrán dirigirse al responsable o encargado del tratamiento para solicitar el acceso a los datos personales de aquella, si no es por vía judicial.
b) Sólo podrán dirigirse al encargado del tratamiento, siempre que sea con objeto de rectificar datos manifiestamente falsos.
c) Podrán dirigirse al responsable o encargado del tratamiento siempre que sea con objeto de solicitar la supresión de los datos personales de aquella sin posibilidad de acceder a ellos.
d) Podrán dirigirse al responsable o encargado del tratamiento al objeto de solicitar el acceso a los datos personales de aquella y, en su caso, su rectificación o supresión.

En MADTEST tienes **más preguntas de este tema** y todos tus avances quedan registrados y se reflejan en el ranking.

¡Supera tus límites con MADTEST!

Solución al test n.º 11

1. c) No podrá ser restringida ni prohibida por motivos relacionados con la protección de las personas físicas en lo que respecta al tratamiento de datos personales.

2. d) Principio de minimización de datos.

3. d) Quienes recopilen datos personales deben ser capaces de demostrar que el afectado les otorgó su consentimiento.

4. d) Transparente.

5. c) Deberá existir una declaración del interesado o una acción positiva que manifieste su conformidad.

6. d) Son hábiles, excluyéndose del cómputo los sábados, los domingos y los declarados festivos.

7. c) Autoridad de control.

8. a) Seudonimización.

9. b) El Encargado.

10. d) Podrán dirigirse al responsable o encargado del tratamiento al objeto de solicitar el acceso a los datos personales de aquella y, en su caso, su rectificación o supresión.

TEST N.º 12

El Régimen General de Seguridad Social. Estructura del Sistema de Seguridad Social. Afiliación, cotización y recaudación. Acción protectora, concepto y clase de prestaciones

1. De conformidad con el artículo 136.1 TRLGGS, estarán obligatoriamente incluidos en el campo de aplicación del Régimen General de la Seguridad Social:

a) Los trabajadores por cuenta propia y los asimilados a los que se refiere el artículo 7.1.a) de esta ley, salvo que por razón de su actividad deban quedar comprendidos en el campo de aplicación de algún régimen especial de la Seguridad Social.

b) Los trabajadores por cuenta ajena y los asimilados a los que se refiere el artículo 7.1.a) de esta ley, salvo que por razón de su actividad deban quedar comprendidos en el campo de aplicación de algún régimen especial de la Seguridad Social.

c) Los trabajadores por cuenta ajena y los asimilados a los que por razón de su actividad deban quedar comprendidos en el campo de aplicación de algún régimen especial de la Seguridad Social.

d) Ninguna es correcta.

2. Según el artículo 137 TRLGSS no darán lugar a inclusión en este Régimen General los siguientes trabajos:

a) Los que se ejecuten mediante los llamados servicios amistosos, benévolos o de buena vecindad, los que den lugar a la inclusión en alguno de los sistemas especiales de la Seguridad Social y los realizados por los profesores universitarios eméritos, de conformidad con lo previsto en el apartado 2 de la disposición adicional vigésima segunda de la Ley Orgánica 6/2001, de 21 de diciembre, de Universidades, así como por el personal licenciado sanitario emérito nombrado al amparo de la disposición adicional cuarta de la Ley 55/2003, de 16 de diciembre, del Estatuto Marco del personal estatutario de los servicios de salud.

b) Los que se ejecuten ocasionalmente mediante los llamados servicios amistosos, benévolos o de buena vecindad, los que den lugar a la inclusión en alguno de los regímenes especiales de la Seguridad Social y los realizados por los profesores en general, así como por el personal licenciado sanitario.

c) Los que se ejecuten ocasionalmente mediante los llamados servicios amistosos, benévolos o de buena vecindad, los que den lugar a la inclusión en alguno de los regímenes especiales de la Seguridad Social y los realizados por los profesores universitarios eméritos, de conformidad con lo previsto en el apartado 2 de la disposición adicional vigésima segunda de la Ley Orgánica 6/2001, de 21 de diciembre, de Universidades, así como por el personal licenciado sanitario emérito nombrado al amparo de la disposición adicional cuarta de la Ley 55/2003, de 16 de diciembre, del Estatuto Marco del personal estatutario de los servicios de salud.

d) Los que se ejecuten ocasionalmente mediante los llamados servicios generosos, los que den lugar a la inclusión en alguno de los regímenes especiales de la Seguridad Social y los realizados por los profesores universitarios eméritos, de conformidad con lo previsto en el apartado 2 de la disposición adicional vigésima segunda de la Ley Orgánica 6/2001, de 21 de diciembre, de Universidades, así como por el personal licenciado sanitario emérito nombrado al amparo de la disposición adicional cuarta de la Ley 55/2003, de 16 de diciembre, del Estatuto Marco del personal estatutario de los servicios de salud.

3. A los efectos del artículo 136.2 TRLGSS se declaran expresamente comprendidos en el Régimen General:

a) Los trabajadores incluidos en el Sistema Especial para Empleados de Hogar y en el Sistema Especial para Trabajadores por Cuenta Ajena Agrarios, así como en cualquier otro de los sistemas especiales a que se refiere el artículo 11, establecidos en el Régimen General de la Seguridad Social.

b) Los trabajadores por cuenta ajena y los socios trabajadores de las sociedades de capital, aun cuando sean miembros de su órgano de administración, si el desempeño de este cargo no conlleva la realización de las funciones de dirección y gerencia de la sociedad, ni posean su control en los términos previstos por el artículo 305.2.b).

c) Como asimilados a trabajadores por cuenta ajena, los consejeros y administradores de las sociedades de capital, siempre que no posean su control en los términos previstos por el artículo 305.2.b), cuando el desempeño de su cargo conlleve la realización de las funciones de dirección y gerencia de la sociedad, siendo retribuidos por ello o por su condición de trabajadores por cuenta de la misma.

d) Todas son correctas.

4. A los efectos de las prestaciones en su modalidad contributiva, ¿quién queda comprendido en el campo de aplicación del sistema de la Seguridad Social?

a) Españoles y extranjeros residan o no en España.

b) Españoles que residan en territorio español y extranjeros que residan o se encuentren legalmente en España con independencia de la actividad que desarrollen.

c) Españoles que residan en España y extranjeros que residan o se encuentren en España siempre que en ambos supuestos ejerzan su actividad en territorio nacional y se trate de algunas de las actividades previstas en el artículo 7.1. TRLGSS.

d) Españoles que residan en territorio nacional.

5. Los Regímenes Especiales actualmente en vigor son:

a) Régimen Especial de Trabajadores por cuenta propia o autónomos (RETA).
b) RETA y Régimen Especial del Mar (REM).
c) RETA, REM, Régimen de la Minería del Carbón y Seguro Escolar.
d) Ninguna es correcta.

6. Formas en las que puede promoverse la afiliación al sistema de la Seguridad Social:

a) A instancias del empresario o del representante de los trabajadores.
b) A instancias del empresario, de los trabajadores o de oficio.
c) A instancias del delegado sindical.
d) Por los trabadores.

7. La afiliación al sistema de la Seguridad Social debe realizarse:

a) Con carácter previo.
b) Dentro de los 30 días siguientes al iniciar la actividad.
c) Dentro de los 3 días siguientes al iniciar la actividad.
d) No es necesario solicitar la afiliación.

8. Según el art. 16 del Real Decreto Legislativo 8/2015, de 30 de octubre, por el que se aprueba el texto refundido de la Ley General de la Seguridad Social, ¿cuál de las siguientes respuestas es correcta?

a) La afiliación de los trabajadores a la Seguridad Social, así como, los trámites determinados por las altas, bajas y variaciones que puedan producirse con posterioridad a la afiliación podrán ser realizados de oficio por los correspondientes organismos de la Administración de la Seguridad Social.
b) La afiliación de los trabajadores a la Seguridad Social, así como, los trámites determinados por las altas, bajas y variaciones de datos que puedan producirse con posterioridad a la afiliación podrán practicarse a petición de las personas y entidades obligadas a dichos actos, a instancia de los interesados o de oficio por la Administración de la Seguridad Social.
c) Los trabajadores, en el caso de que las personas y entidades a quienes incumban las obligaciones de solicitar la afiliación, altas, bajas y variaciones de datos a la Seguridad Social incumplieran las mismas, únicamente podrán solicitar el alta pero no podrán solicitar ni la afiliación ni la baja de la Seguridad Social.
d) Los trabajadores, en ningún caso, podrán instar la afiliación a la Seguridad Social.

9. Las cotizaciones por contingencias profesionales tienen por objeto la cobertura de los siguientes riesgos:

a) Accidente de trabajo o accidente no laboral.
b) Accidente de trabajo o enfermedad profesional.

c) Enfermedad profesional o enfermedad común.

d) Nacimiento y cuidado del menor.

10. Como cotizaciones que se recaudan conjuntamente con las cotizaciones por contingencias comunes y profesionales encontramos:

a) Cotización por desempleo.

b) Cotización por fondo de garantía salarial.

c) Seguro de invalidez.

d) Cotización por desempleo, FOGASA y Formación Profesional.

En MADTEST tienes **más preguntas de este tema** y todos tus avances quedan registrados y se reflejan en el ranking.

¡Supera tus límites con MADTEST!

Solución al test n.º 12

1. b) Los trabajadores por cuenta ajena y los asimilados a los que se refiere el artículo 7.1.a) de esta ley, salvo que por razón de su actividad deban quedar comprendidos en el campo de aplicación de algún régimen especial de la Seguridad Social.

2. c) Los que se ejecuten ocasionalmente mediante los llamados servicios amistosos, benévolos o de buena vecindad, los que den lugar a la inclusión en alguno de los regímenes especiales de la Seguridad Social y los realizados por los profesores universitarios eméritos, de conformidad con lo previsto en el apartado 2 de la disposición adicional vigésima segunda de la Ley Orgánica 6/2001, de 21 de diciembre, de Universidades, así como por el personal licenciado sanitario emérito nombrado al amparo de la disposición adicional cuarta de la Ley 55/2003, de 16 de diciembre, del Estatuto Marco del personal estatutario de los servicios de salud.

3. d) Todas son correctas.

4. c) Españoles que residan en España y extranjeros que residan o se encuentren en España siempre que en ambos supuestos ejerzan su actividad en territorio nacional y se trate de algunas de las actividades previstas en el artículo 7.1. TRLGSS.

5. c) RETA, REM, Régimen de la Minería del Carbón y Seguro Escolar.

6. b) A instancias del empresario, de los trabajadores o de oficio.

7. a) Con carácter previo.

8. b) La afiliación de los trabajadores a la Seguridad Social, así como, los trámites determinados por las altas, bajas y variaciones de datos que puedan producirse con posterioridad a la afiliación podrán practicarse a petición de las personas y entidades obligadas a dichos actos, a instancia de los interesados o de oficio por la Administración de la Seguridad Social.

9. b) Accidente de trabajo o enfermedad profesional.

10. d) Cotización por desempleo, FOGASA y Formación Profesional.

TEST N.º 13

La atención primaria de la salud: concepto y características generales. La ordenación de la Atención Primaria en la Comunidad Autónoma de Aragón. Órganos de dirección

1. La Comisión Técnico Asistencial de Atención Primaria se reunirá con una periodicidad, al menos:

a) Mensual.
b) Bimestral.
c) Trimestral.
d) Semestral.

2. Es un objetivo de la Atención Primaria de Salud:

a) Prestar asistencia ambulatoria especializada.
b) Promover la hospitalización de los pacientes.
c) El diagnóstico y tratamiento temprano de las enfermedades para evitar hospitalizaciones innecesarias.
d) Todos los anteriores lo son.

3. No constituye un objetivo de la Atención Primaria de Salud:

a) Educación sanitaria de la población.
b) Salud materno-infantil, laboral, mental y ambiental.
c) Participación comunitaria.
d) Ofrecer a la población los medios técnicos y humanos de diagnóstico, tratamiento y rehabilitación adecuados que por sus características no se pueden resolver en el primer nivel del Sistema de Salud.

4. La Atención Primaria no garantizará:

a) La asistencia sanitaria a demanda, programada y urgente tanto en la consulta como en el domicilio del enfermo.
b) La rehabilitación básica.
c) La atención paliativa a enfermos terminales en centros hospitalarios.
d) Ninguna es correcta.

5. Forma/n parte del Equipo de Atención Primaria:

a) El Director de Gestión y Servicios Generales.
b) El Gerente del Área de Salud.
c) Los Facultativos Especialistas del área hospitalaria.
d) Ninguno de ellos forma parte.

6. Las zonas de salud serán delimitadas por:

a) Las Cortes de Aragón.
b) El Consejo de Gobierno.
c) El Departamento responsable de salud.
d) El Consejo de Salud de Aragón.

7. ¿Cuántos representantes de la Administración Sanitaria del Sector, forman parte del Consejo Rector del Área de Salud?

a) Cinco.
b) Tres.
c) Dos.
d) Ninguno.

8. Respecto a las Gerencias del Sector no es cierto que:

a) Son órganos descentralizados.
b) Son órganos organizativos e instrumentales.
c) Gestionan los recursos sanitarios necesarios para la asistencia sanitaria de los centros y unidades de su territorio.
d) Son órganos consultivos.

9. Respecto a la línea asistencial de Atención Primaria, no es cierto que:

a) Garantiza la globalidad y continuidad de la atención a lo largo de toda la vida del paciente.
b) Comprende actividades tales como la educación sanitaria.
c) Una de las líneas de actuación es la salud bucodental.
d) Una de las líneas de actuación es la asistencia en hospital de día.

10. El Área de Salud será dirigida por un órgano propio denominado:

a) Consejo de Dirección.
b) Consejo Rector.
c) Departamento de Salud y Consumo.
d) Gerencia del Sector.

En MADTEST tienes **más preguntas de este tema** y todos tus avances quedan registrados y se reflejan en el ranking.

¡Supera tus límites con MADTEST!

Solución al test n.º 13

1. c) Trimestral.

2. c) El diagnóstico y tratamiento temprano de las enfermedades para evitar hospitalizaciones innecesarias.

3. d) Ofrecer a la población los medios técnicos y humanos de diagnóstico, tratamiento y rehabilitación adecuados que por sus características no se pueden resolver en el primer nivel del Sistema de Salud.

4. c) La atención paliativa a enfermos terminales en centros hospitalarios.

5. d) Ninguno de ellos forma parte.

6. c) El Departamento responsable de salud.

7. b) Tres.

8. d) Son órganos consultivos.

9. d) Una de las líneas de actuación es la asistencia en hospital de día.

10. b) Consejo Rector.

TEST N.º 14

La asistencia especializada: concepto y características generales. La ordenación de la atención especializada en la Comunidad Autónoma de Aragón. Órganos de dirección

1. La Atención Especializada se prestará en:

a) Los Hospitales.
b) Los Centros de Salud adscritos a los Hospitales.
c) Los Consultorios Locales.
d) Son correctas las respuestas a) y b).

2. El Hospital es:

a) La estructura física que permite la atención sanitaria directa a la población de uno o varios núcleos urbanos, desarrollándose el resto de las funciones en el Centro de Salud correspondiente, del que dependerán y con el que estarán coordinados.

b) La estructura sanitaria responsable de la Atención Especializada, programada y urgente, siempre en régimen de intercambio, de la población de su ámbito territorial.

c) La estructura física que permite la atención sanitaria directa a la población de uno o varios núcleos urbanos, desarrollándose el resto de las funciones en el Centro de especialidades correspondiente, con el que estarán coordinados.

d) La estructura sanitaria responsable de la Atención Especializada, programada y urgente, tanto en régimen de intercambio como ambulatorio y domiciliario de la población de su ámbito territorial.

3. ¿Cuándo deberá ser prestada la asistencia especializada de forma ambulatoria?

a) Siempre que sea posible y que las condiciones del paciente lo permitan.
b) Nunca.
c) En cualquier caso.
d) Cuando las condiciones económicas lo aconsejen.

4. El acceso a los servicios de Atención Especializada se realizará:

a) A través de Urgencias únicamente.
b) A instancia de la Atención Primaria, exceptuándose en todo caso las situaciones de urgencia y los casos que excepcionalmente se determinen.
c) A instancias de un médico especialista.
d) A instancia del propio usuario.

5. Cada área de salud contará, al menos, con:

a) Un hospital general dotado de todos los servicios.
b) Varios hospitales generales.
c) Un hospital general, dotado de los servicios que aconseje la población a asistir, la estructura de la misma y los problemas de salud.
d) Un hospital y un centro médico de especialidades.

6. ¿Qué debe comprender el Plan de Salud?

a) Todas las acciones sanitarias necesarias para cumplir los objetivos de sus servicios de salud.
b) Todas las acciones sanitarias catalogadas.
c) Todas las acciones sociosanitarias de la Comunidad.
d) Ninguna de las anteriores es correcta.

7. ¿Cuál es la estructura física fundamental de la Atención Especializada?

a) El Centro de Salud.
b) El Ambulatorio.
c) El Consultorio.
d) El Hospital.

8. ¿Cómo denomina el artículo 52 de la Ley 6/2002, de 15 de abril, de Salud de Aragón, a la atención que se realiza una vez superadas las posibilidades de diagnóstico y tratamiento de la atención primaria, y que se presta en los hospitales y en los centros especializados de diagnóstico y tratamiento?

a) Atención especializada.
b) Atención ambulatoria.
c) Atención sociosanitaria.
d) Atención hospitalaria.

9. Según el artículo 52 de la Ley 6/2002:

a) Cada área de salud dispondrá de un centro hospitalario, que ofertará los servicios adecuados a las necesidades de la población.
b) Cada área de salud podrá disponer de un centro hospitalario, que ofertará los servicios adecuados a las necesidades de la población.

c) Cada área de salud dispondrá, al menos, de un centro hospitalario, que ofertará los servicios adecuados a las necesidades de la población.

d) Cada zona de salud dispondrá, al menos, de un centro hospitalario, que ofertará los servicios adecuados a las necesidades de la población.

10. Según el artículo 52.5 de la Ley 6/2002, la atención especializada deberá ser prestada, siempre que sea posible:

a) En el domicilio del paciente.
b) De forma ambulatoria.
c) Como urgencia sanitaria.
d) En régimen de internamiento.

En MADTEST tienes **más preguntas de este tema** y todos tus avances quedan registrados y se reflejan en el ranking.

¡Supera tus límites con MADTEST!

Solución al test n.º 14

1. a) Los Hospitales.

2. d) La estructura sanitaria responsable de la Atención Especializada, programada y urgente, tanto en régimen de intercambio como ambulatorio y domiciliario de la población de su ámbito territorial.

3. a) Siempre que sea posible y que las condiciones del paciente lo permitan.

4. b) A instancia de la Atención Primaria, exceptuándose en todo caso las situaciones de urgencia y los casos que excepcionalmente se determinen.

5. c) Un hospital general, dotado de los servicios que aconseje la población a asistir, la estructura de la misma y los problemas de salud.

6. a) Todas las acciones sanitarias necesarias para cumplir los objetivos de sus servicios de salud.

7. d) El Hospital.

8. a) Atención especializada.

9. c) Cada área de salud dispondrá, al menos, de un centro hospitalario, que ofertará los servicios adecuados a las necesidades de la población.

10. b) De forma ambulatoria.

TEST N.º 15

El usuario del Sistema Nacional de Salud: sus derechos y deberes. La tarjeta sanitaria individual. El derecho de información sanitaria y a la intimidad en la Ley Básica Reguladora de la Autonomía del Paciente y Derechos y Obligaciones en materia de información y documentación clínica

1. La Ley de Autonomía del Paciente establece la obligatoriedad de obtener el consentimiento informado del paciente:

a) Solo en los casos de intervención quirúrgica.
b) Solo en los casos de aplicación de procedimientos que supongan grandes riesgos o inconvenientes de notoria repercusión negativa sobre su salud.
c) Para toda actuación en el ámbito de su salud.
d) La Ley no establece esta obligación.

2. Tal y como establece la Ley 41/2002, de Autonomía del Paciente, en caso de que el paciente no acepte el tratamiento, se le propondrá que firme el alta voluntaria y si no la firma, la Dirección del Centro:

a) Puede disponer el alta forzosa.
b) Firmará en su nombre el alta involuntaria.
c) Mantendrá el ingreso por periodo mínimo de cinco días naturales.
d) No está reconocida la negativa al tratamiento de los pacientes.

3. El derecho del paciente a no ser informado:

a) No está reconocido por la ley.
b) Podrá restringirse en cualquier momento.
c) Podrá restringirse cuando sea estrictamente necesario en beneficio del paciente.
d) Solo podrá ejercitarse si el paciente designa a un familiar o a otra persona a la que se le facilite la información.

73

4. El reconocimiento legal de que se respeten los deseos expresados anteriormente en el documento de instrucciones previas es una manifestación del derecho:

a) A la información sanitaria.
b) A la segunda opinión.
c) A la autonomía del paciente.
d) A la información post-mortem.

5. Indique la proposición incorrecta en relación con los requisitos del consentimiento:

a) Debe ser libre.
b) Debe ser voluntario.
c) La decisión de consentir debe anteceder a una información adecuada.
d) La persona que lo presta debe tener capacidad para conocer, comprender y querer el alcance de su decisión.

6. La Ley 41/2002, de Autonomía del paciente, establece que, como regla general, el consentimiento se manifestará en forma:

a) Verbal.
b) Escrita.
c) Documental.
d) Ante testigos.

7. Según establece la Ley 41/2002, de Autonomía del paciente, el paciente o usuario tiene derecho a decidir libremente entre las opciones clínicas disponibles después de recibir:

a) Información completa.
b) Información adecuada.
c) Información documental.
d) Información escrita.

8. La renuncia del paciente a recibir información:

a) No se reconoce por la ley.
b) Está limitada por el interés de la salud del propio paciente.
c) No está limitada por el interés de la salud de terceros.
d) Ninguna de las anteriores es correcta.

9. Uno de los fundamentos éticos del consentimiento informado es el principio de autonomía. En aplicación del mismo el profesional sanitario tiene el deber de:

a) Evitar el mal del paciente.
b) Hacer el bien al paciente.

c) Respetar la libre determinación del paciente.
d) Actuar sin discriminación.

10. Según establece la Ley 41/2002, de Autonomía del Paciente, ha de constar siempre por escrito:

a) La información al paciente.
b) El consentimiento informado.
c) La aceptación del tratamiento.
d) La negativa al tratamiento.

En MADTEST tienes **más preguntas de este tema** y todos tus avances quedan registrados y se reflejan en el ranking.

¡Supera tus límites con MADTEST!

Solución al test n.º 15

1. c) Para toda actuación en el ámbito de su salud.

2. a) Puede disponer el alta forzosa.

3. c) Podrá restringirse cuando sea estrictamente necesario en beneficio del paciente.

4. c) A la autonomía del paciente.

5. c) La decisión de consentir debe anteceder a una información adecuada.

6. a) Verbal.

7. b) Información adecuada.

8. b) Está limitada por el interés de la salud del propio paciente.

9. c) Respetar la libre determinación del paciente.

10. d) La negativa al tratamiento.

TEST N.º 16

La comunicación paciente/usuario. Factores que la facilitan o dificultan. Diferencia entre información y comunicación

1. ¿Qué aspecto de la comunicación del profesional con el paciente o sus familiares es inadecuado?

a) Usar un lenguaje claro.
b) Utilizar palabras empleadas habitualmente en el lenguaje coloquial.
c) Emplear y abusar de tecnicismos.
d) Usar frases cortas y precisas.

2. ¿Qué barrera del lenguaje se da por discapacidad física?

a) Neurosis.
b) Alteraciones de la memoria.
c) Ceguera.
d) Psicosis.

3. Con respecto al lenguaje corporal, es cierto que:

a) En la distancia pública, el sanitario que comunica con el paciente está separado de él más de 3 metros.
b) En la distancia social, dicha separación está entre 1 y 2 metros.
c) En la distancia personal, dicha separación está entre 0,5 y 1 m.
d) b) y c) son correctas.

4. Las relaciones interpersonales son deficientes cuando producen (indica la incorrecta):

a) Frustración.
b) Empatía.

c) Enojo.
d) Deserción.

5. La convicción es un método que:

a) Permite a una persona hacer comprensible a otra una idea o hecho que se le quiera transmitir.
b) Pretende persuadir a otra persona para que crea algo.
c) Pretende influenciar de forma oral sobre la mente del receptor.
d) Puede demostrar a una persona una idea.

6. Para establecer una buena relación de empatía hay que tener en cuenta:

a) El respeto.
b) Los comentarios.
c) El léxico.
d) Todas son correctas.

7. Indica la incorrecta. Son dificultades para la comunicación:

a) La sordera.
b) La sinceridad.
c) Hablar demasiado deprisa.
d) Hablar siempre mirando a la cara.

8. La fase en la que el profesional ya ha procesado la información recibida y se ha planteado mentalmente lo que puede decir o hacer para establecer una relación adecuada con el paciente y se inicia una relación profesional con el enfermo y sus familiares, se denomina:

a) Fase de ejecución.
b) Fase receptiva.
c) Fase de contacto.
d) Fase de conclusión.

9. ¿Qué es la redundancia?

a) Es la acción de informar, evaluar, convencer u organizar la información.
b) Es el tiempo que uno tarda en entender un problema en particular.
c) Es la medida del grado en que la información representa lo que pretende representar.
d) Es el exceso de información transmitida por unidad de datos.

10. Si decimos que la información es determinística:

a) Se da un conjunto de resultados posible junto con sus probabilidades correspondientes.
b) Supone que existen uno o más valores.
c) Supone que existe un solo valor.
d) Ninguna respuesta es correcta.

En MADTEST tienes **más preguntas de este tema** y todos tus avances quedan registrados y se reflejan en el ranking.

¡Supera tus límites con MADTEST!

Solución al test n.º 16

1. c) Emplear y abusar de tecnicismos.

2. c) Ceguera.

3. d) b) y c) son correctas.

4. b) Empatía.

5. b) Pretende persuadir a otra persona para que crea algo.

6. d) Todas son correctas.

7. d) Hablar siempre mirando a la cara.

8. a) Fase de ejecución.

9. d) Es el exceso de información transmitida por unidad de datos.

10. c) Supone que existe un solo valor.

TEST N.º 17

Conceptos de documento, registro y archivo, funciones y clases de archivo. Documentación de uso en los Centros Sanitarios: Administrativa y Clínica. La Historia Clínica: funciones, características, contenido

1. El artículo 49.1 de la Ley 16/1985, de 25 de junio, del Patrimonio Histórico Español, lo define como "toda expresión en lenguaje natural o convencional y cualquier otra expresión gráfica, sonora o en imagen, recogidas en cualquier tipo de soporte material, incluso los soportes informáticos":

a) El documento.
b) El registro.
c) El archivo.
d) El expediente.

2. Es una característica del documento de archivo:

a) Es único e irrepetible.
b) Reflejan relaciones entre personas y Administración de forma subjetiva.
c) Carece de carácter seriado.
d) La reproducción en numerosos ejemplares.

3. ¿Cuál de los siguientes caracteres externos del documento alude a la configuración física del documento y a la manera en que se ha conservado?

a) Clase.
b) Forma.
c) Formato.
d) Soporte.

4. Es un carácter interno del documento:

a) Tipo.
b) Formato.

c) Forma.
d) Origen funcional.

5. ¿En qué edad se encuentran los documentos del archivo de gestión?

a) Edad histórica.
b) Edad administrativa.
c) Edad intermedia.
d) Edad preadministrativa.

6. ¿En qué edad del documento predomina claramente el valor secundario?

a) Edad administrativa.
b) Edad intermedia.
c) Edad histórica.
d) Edad prehistórica.

7. Es cierto que la documentación de apoyo informativo:

a) Forma parte del Patrimonio Documental.
b) Se produce como resultado de la gestión administrativa.
c) Es útil para el correcto desarrollo de la actividad administrativa.
d) No puede contener textos legales, boletines oficiales, publicaciones o circulares.

8. Conforme al artículo 26.2 de la LPACAP, para ser considerados válidos, los documentos electrónicos deberán:

a) Contener información de naturaleza jurídica archivada en un soporte electrónico según un formato determinado susceptible de identificación y tratamiento diferenciado.
b) Carecer de datos de identificación que puedan permitir su individualización.
c) Incorporar los metadatos mínimos exigidos.
d) Formar parte de un expediente administrativo.

9. En caso de que excepcionalmente, en un procedimiento, el interesado deba presentar un documento original, tendrá derecho a:

a) Obtener una copia autenticada del documento original.
b) No desprenderse de él, presentándolo únicamente para que el funcionario correspondiente autentifique una copia con la que se quedará, devolviendo el original al interesado.
c) Recuperarlo en un plazo máximo de 30 días.
d) Ninguna norma puede exigir la presentación de documentos originales.

10. En relación con los documentos electrónicos administrativos, no es cierto que:

a) Para ser considerados válidos, los documentos electrónicos administrativos deberán disponer de los datos de identificación que permitan su individualización, sin perjuicio de su posible incorporación a un expediente electrónico.

b) A menos que su naturaleza exija otra forma más adecuada de expresión y constancia, las Administraciones Públicas emitirán los documentos administrativos por escrito, a través de medios electrónicos.

c) Los documentos electrónicos emitidos por las Administraciones Públicas que se publiquen con carácter meramente informativo requieren firma electrónica para ser considerados documentos administrativos.

d) Cualquier documento electrónico emitido por una Administración Pública requerirá que se identifique su origen aunque no forme parte de un expediente administrativo.

En MADTEST tienes **más preguntas de este tema** y todos tus avances quedan registrados y se reflejan en el ranking.

¡Supera tus límites con MADTEST!

83

Solución al test n.º 17

1. a) El documento.

2. a) Es único e irrepetible.

3. c) Formato.

4. d) Origen funcional.

5. b) Edad administrativa.

6. c) Edad histórica.

7. c) Es útil para el correcto desarrollo de la actividad administrativa.

8. c) Incorporar los metadatos mínimos exigidos.

9. a) Obtener una copia autenticada del documento original.

10. c) Los documentos electrónicos emitidos por las Administraciones Públicas que se publiquen con carácter meramente informativo requieren firma electrónica para ser considerados documentos administrativos.

TEST N.º 18

Funcionamiento de los Centros Sanitarios. Servicio de documentación clínica hospitalaria. Servicio de admisión. Servicio de atención al paciente

1. Según la Ley 14/1986, de 25 de abril, General de Sanidad, ¿cuáles son las dos modalidades en las que se divide la Asistencia Sanitaria?

a) Atención Primaria y Atención Especializada.
b) Atención Preventiva y Atención Paliativa.
c) Atención Hospitalaria y Atención Ambulatoria.
d) Atención de Urgencias y Atención Programada.

2. ¿Cuál es el objetivo principal de ha originado en las organizaciones hospitalarias la necesidad de articular una estructura que ordene y coordine las actividades que se producen alrededor de la asistencia médica?

a) Facilitar el acceso de la población a los recursos disponibles manteniendo equidad y eficiencia.
b) Aumentar la cantidad de consultas médicas sin importar la eficiencia del sistema.
c) Reducir el número de pacientes atendidos para optimizar recursos.
d) Priorizar la atención especializada sobre la atención primaria.

3. ¿Cuál de las siguientes NO es una función del Servicio de Admisión y Documentación Clínica (SADC)?

a) Gestionar y organizar los archivos de documentación e historias clínicas.
b) Coordinarse con otras instituciones sanitarias para la tramitación de traslados.
c) Realizar procedimientos quirúrgicos y asistenciales.
d) Desarrollar y mantener los sistemas de información asistencial.

4. ¿Cuál de las siguientes funciones corresponde a la Unidad de Admisión de Hospitalización y Urgencias?

a) Gestionar y centralizar el registro de pacientes en lista de espera quirúrgica.
b) Gestionar la filiación e ingreso de pacientes programados y urgentes.

c) Regular el acceso a la atención sanitaria ambulatoria y consultas externas.

d) Archivar y custodiar las historias clínicas del hospital.

5. ¿Cuál es la función principal de la Unidad de Lista de Espera Quirúrgica?

a) Gestionar y asignar camas en el área de hospitalización.

b) Coordinar el traslado de pacientes entre hospitales.

c) Mantener y centralizar el registro de pacientes pendientes de una intervención quirúrgica no urgente.

d) Gestionar la citación para consultas externas y hospital de día.

6. ¿Según la Orden SAN/1368/2018, cuál es una de las funciones principales de los Servicios de Información y Atención al Usuario (SIAUs)?

a) Coordinar y estandarizar la organización y funcionamiento de los SIAUs en el sistema público de salud.

b) Gestionar únicamente las citas médicas de los pacientes.

c) Proporcionar atención médica urgente a los usuarios.

d) Supervisar exclusivamente la labor del personal sanitario.

7. Según el artículo 6.4 de la Ley 6/2002, ¿qué deben tener permanentemente a disposición de los usuarios los centros sanitarios públicos?

a) Información accesible sobre derechos y deberes, formularios de sugerencias y reclamaciones, y personal identificado para atención al público.

b) Un listado con los historiales clínicos de todos los pacientes.

c) Un servicio exclusivo de atención telefónica sin atención presencial.

d) Un acceso directo a la dirección del hospital para presentar quejas en persona.

8. ¿De quién dependen funcional y orgánicamente los Servicios de Información y Atención al Usuario en el Sistema de Salud de Aragón?

a) Funcionalmente del Director del hospital y orgánicamente del Ministerio de Sanidad.

b) Funcionalmente del Consejo de Administración del hospital y orgánicamente de la Consejería de Educación.

c) Funcionalmente de la Dirección de Enfermería y orgánicamente del Director Médico del hospital.

d) Funcionalmente de la Dirección General de Cuidados y Humanización, y orgánicamente del Gerente del sector correspondiente del Servicio Aragonés de Salud.

9. ¿A quién corresponde la coordinación funcional de los Servicios de Información y Atención al Usuario en el Sistema de Salud de Aragón?

a) A la Gerencia del Servicio Aragonés de Salud.

b) A la Dirección General competente en materia de derechos y garantías de los usuarios.

c) A la Consejería de Sanidad del Gobierno de Aragón.
d) A la Dirección de Enfermería de cada hospital.

10. ¿Qué principios guían el funcionamiento de los Servicios de Información y Atención al Usuario según el artículo 5 de la Orden SAN/1368/2018?

a) Transparencia, rapidez, gratuidad y accesibilidad.
b) Innovación, rentabilidad, eficacia y autonomía.
c) Equidad, ética, confidencialidad y calidad.
d) Seguridad, competitividad, imparcialidad y sostenibilidad.

En MADTEST tienes **más preguntas de este tema** y todos tus avances quedan registrados y se reflejan en el ranking.

¡Supera tus límites con MADTEST!

Solución al test n.º 18

1. a) Atención Primaria y Atención Especializada.

2. a) Facilitar el acceso de la población a los recursos disponibles manteniendo equidad y eficiencia.

3. c) Realizar procedimientos quirúrgicos y asistenciales.

4. b) Gestionar la filiación e ingreso de pacientes programados y urgentes.

5. c) Mantener y centralizar el registro de pacientes pendientes de una intervención quirúrgica no urgente.

6. a) Coordinar y estandarizar la organización y funcionamiento de los SIAUs en el sistema público de salud.

7. a) Información accesible sobre derechos y deberes, formularios de sugerencias y reclamaciones, y personal identificado para atención al público.

8. d) Funcionalmente de la Dirección General de Cuidados y Humanización, y orgánicamente del Gerente del sector correspondiente del Servicio Aragonés de Salud.

9. b) A la Dirección General competente en materia de derechos y garantías de los usuarios.

10. c) Equidad, ética, confidencialidad y calidad.

TEST N.º 19

La calidad en los Centros Sanitarios. Modelos y tendencias actuales de evaluación de la calidad

1. ¿Qué principio de estos (según la OMS) no pertenece a un sistema de salud perfecto?

a) Equidad.
b) Universalidad.
c) Participación de la población.
d) Centralización.

2. ¿Qué mide la adecuación?

a) El grado de consecución de los objetivos propuestos sin tener en cuenta el coste empleado.
b) El seguimiento de las necesidades sanitarias del individuo o la población.
c) El grado de consecución de los objetivos propuestos al mínimo coste posible.
d) Lo apropiado de los servicios que se ofertan en relación con las necesidades de la población que se atiende.

3. ¿Qué concepto indica el nivel en que se implica a los mismos usuarios en el cuidado de su salud?

a) Participación.
b) Aceptabilidad.
c) Eficiencia.
d) Equidad.

4. ¿Qué conceptos de estos es el más parecido al de justicia e igualdad?

a) Participación.
b) Aceptabilidad.

c) Eficiencia.
d) Equidad.

5. ¿Qué vertientes abarca el nivel científico-técnico como característica de calidad en salud?

a) El grado de consecución de los objetivos propuestos sin tener en cuenta el coste empleado.
b) El nivel de calidad de los equipos y las instalaciones en donde se presta la atención sanitaria.
c) El nivel de competencia de los profesionales que la aplican.
d) Son ciertas las opciones b) y c).

6. ¿Cuál es el principal motor de los programas intrainstitucionales de salud de mejora de la calidad?

a) La motivación de los profesionales.
b) La adecuación de las instalaciones.
c) La mejora en recursos materiales y humanos.
d) Ninguno de los anteriores.

7. Según Cote, la calidad es igual a:

a) Percepción + Expectativas.
b) Equidad + Participación.
c) Percepción - Expectativas.
d) Equidad - Participación.

8. La mejora continua pero fundamentalmente orientada al cliente (mayor satisfacción al menor coste), es:

a) Control de calidad.
b) Calidad total.
c) Calidad parcial.
d) Calidad unívoca.

9. ¿Qué se define en general como el proceso sistemático que intentará comprobar en qué medida un conjunto de actividades se ajusta a los criterios o estándares propuestos?

a) Percepción.
b) Gestión de calidad.
c) Evaluación.
d) Garantía de calidad.

10. ¿Por qué expertos se debe realizar siempre la evaluación externa?

a) De la propia institución.
b) Ajenos a la institución.
c) Ajenos a la institución y de la propia institución.
d) En otras materias de control, aunque sean de la propia institución o con lazos institucionales.

En MADTEST tienes **más preguntas de este tema** y todos tus avances quedan registrados y se reflejan en el ranking.

¡Supera tus límites con MADTEST!

Solución al test n.º 19

1. d) Centralización.

2. d) Lo apropiado de los servicios que se ofertan en relación con las necesidades de la población que se atiende.

3. a) Participación.

4. d) Equidad.

5. d) Son ciertas las opciones b) y c).

6. a) La motivación de los profesionales.

7. c) Percepción - Expectativas.

8. b) Calidad total.

9. c) Evaluación.

10. b) Ajenos a la institución.

TEST N.º 20

**Financiación del sistema sanitario de la Comunidad de Aragón.
El Presupuesto de la Comunidad de Aragón
y sus modificaciones**

1. La Ley 22/2009, de 18 de diciembre, por la que se regula el sistema de financiación de las Comunidades Autónomas de régimen común y Ciudades con Estatuto de Autonomía establece que los siguientes recursos tributarios forman parte de la capacidad tributaria de la Comunidad Autónoma:

a) Los tributos cedidos, la transferencia del Fondo de Garantía de Servicios Públicos Fundamentales y el Fondo de Suficiencia Global.

b) El 58 % de la recaudación líquida del impuesto de Sociedades, el 100 % de la recaudación líquida del IVA y el 100 % de la recaudación líquida por el Impuesto de la Electricidad, entre otros tributos.

c) El 58 % de la recaudación líquida del Impuesto sobre los depósitos bancarios, el 100 % de la recaudación líquida del Impuesto sobre Hidrocarburos y el 58 % de la recaudación líquida del Impuesto sobre Bienes Inmuebles, entre otros tributos.

d) El 50 % de la recaudación líquida por IVA, la recaudación del Impuesto sobre Transmisiones Patrimoniales y Actos Jurídicos Documentados y la recaudación del Impuesto sobre Sucesiones y Donaciones, entre otros tributos.

2. Los tributos propios de la Comunidad Autónoma de Aragón son:

a) El Impuesto sobre Contaminación de las Aguas, el Impuesto sobre el daño medioambiental causado por la emisión de gases contaminantes a la atmósfera y el Impuesto sobre el daño medioambiental causado por las grandes áreas de venta.

b) El Impuesto sobre las viviendas vacías, el Impuesto sobre las estancias en establecimientos turísticos y Impuesto sobre las bolsas de plástico de un solo uso.

c) El Impuesto sobre la instalación de máquinas en establecimientos de hostelería autorizados, el Impuesto sobre Vertidos a las aguas litorales y el Recargo sobre las cuotas mínimas del Impuesto sobre Actividades Económicas.

d) El Impuesto sobre aprovechamientos cinegéticos, el Impuesto sobre almacenamiento o depósito de residuos y el Impuesto sobre Tierras Infrautilizadas.

3. En relación con el Fondo de Garantía de Servicios Públicos Fundamentales, ¿cuál de las siguientes afirmaciones es verdadera?

a) Es un fondo constituido por el 60 % de la capacidad tributaria de las Comunidades Autónomas y el 40 % de la aportación del Estado.

b) Su objetivo es asegurar que cada Comunidad Autónoma recibe los mismos recursos por habitante ajustado para financiar los servicios públicos fundamentales esenciales del Estado de Bienestar

c) Se reparte en función de dos variables: población y superficie.

d) Es un fondo que se reparte en función de múltiples variables siendo la de más peso la superficie territorial en kilómetros cuadrados de la Comunidad Autónoma.

4. La Transferencia del Fondo de Garantía de Servicios Públicos Fundamentales se reparte en función de las siguientes variables:

a) La población, la superficie, la dispersión y la renta per cápita de la Comunidad Autónoma.

b) La población, la superficie, la dispersión, la insularidad y el déficit público de la Comunidad Autónoma.

c) La población, la superficie, la dispersión, la insularidad, la población protegida equivalente distribuida en siete grupos de edad, la población mayor de 65 años y la población entre 0 y 16 años de la Comunidad Autónoma.

d) La población, la superficie, la dispersión, la insularidad y la población enferma y discapacidad de la Comunidad Autónoma.

5. El sistema de financiación autonómica de las Comunidades de Régimen Común se articula mediante anticipos o entregas a cuenta que son seguidos de la liquidación definitiva. Están sujetos a entregas a cuenta los siguientes recursos:

a) Los tributos cedidos, los fondos de Convergencia y el Fondo de Compensación Interterritorial.

b) El Fondo de Suficiencia Global y el fondo de Garantía de Servicios Públicos Fundamentales.

c) Los tributos propios de la Comunidad Autónoma, el Fondo de Suficiencia Global y el Fondo de Garantía de Servicios Públicos Fundamentales.

d) La tarifa autonómica del IRPF, el porcentaje cedido de IVA e Impuestos Especiales de Fabricación, la transferencia del Fondo de Garantía de Servicios Públicos Fundamentales y el Fondo de Suficiencia Global.

6. Los Fondos de Convergencia Autonómica son fondos creados con recursos adicionales del Estado para financiar las Comunidades Autónomas. Por favor indique cuál de las siguientes afirmaciones es cierta:

a) Los Fondos de Convergencia son dos: el Fondo de Competitividad y el Fondo de Cooperación.

b) El Fondo de Competitividad pretende reducir las diferencias en financiación homogénea per cápita.

c) El Fondo de Cooperación pretende equilibrar las diferencias de renta entre las Comunidades Autónomas.

d) Todas las afirmaciones anteriores son correctas.

7. El Fondo de Cohesión Sanitaria financia el importe de determinadas asistencias sanitarias:

a) Asistencias prestadas a pacientes pertenecientes a la Mutualidad General de Funcionarios Civiles del Estado, Mutualidad General Judicial e Instituto de las Fuerzas Armadas, entre otras.

b) Pacientes residentes en España derivados entre Comunidades Autónomas.

c) Pacientes residentes en España derivados entre Comunidades Autónomas para su atención en centros, servicios y unidades de referencia del Sistema Nacional de Salud, entre otras.

d) Pacientes recluidos en centros penitenciarios.

8. En determinados casos debe reclamarse a terceros el coste de la asistencia sanitaria. ¿Puede indicar en que supuestos debe reclamarse a terceros el coste de la asistencia sanitaria?

a) Atención en caso de accidentes de trabajo o enfermedades profesionales a cargo de las Mutuas de Accidentes de Trabajo, del Instituto Nacional de la Seguridad Social o del Instituto Social de la Marina, entre otros supuestos.

b) Atención en caso de accidentes de tráfico, entre otros supuestos.

c) Atención en caso de accidentes de deportistas federados, entre otros supuestos.

d) Todas las anteriores son correctas.

9. ¿En qué norma se establece la obligación de reclamar el importe de la asistencia sanitaria al tercero obligado al pago?

a) Ley 14/1986, de 25 de abril, General de Sanidad en su artículo 83.

b) Real Decreto-Ley 16/2012, de 20 de abril, de medidas urgentes para garantizar la sostenibilidad del Sistema Nacional de Salud, en su artículo 4.

c) Ley 22/2009, de 18 de diciembre, por la que se regula el sistema de financiación de las Comunidades Autónomas de régimen común y Ciudades con Estatuto de Autonomía, en su artículo 25.

d) Decreto Legislativo 1/2000, de 29 de junio, por el que se aprueba el Texto Refundido de la Ley de Hacienda de la Comunidad Autónoma de Aragón en su artículo 32.

10. ¿En qué líneas asistenciales se organiza la Cartera de servicios del Sistema de Salud de Aragón tal y como se establece en el Decreto 65/2007, de 8 de mayo, del Gobierno de Aragón, por el que se aprueba la cartera de servicios sanitarios del Sistema de Salud de Aragón?

a) Atención Primaria, Atención Especializada, Atención a la Urgencia y Salud Pública.

b) Atención Primaria, Atención Especializada, Atención a Enfermos Crónicos Dependientes, Atención a la Salud Mental, Atención a la Urgencia y la Emergencia, Salud Pública y Prestaciones Farmacéuticas, Ortoprotésicas, de Productos Dietéticos y de Transporte Sanitario.

c) Atención Primaria, Atención Especializada, Atención Quirúrgica, Atención a la Urgencia y Atención Paliativa.

d) Atención Primaria, Atención Especializada, Atención a la Urgencia y los Cuidados Intensivos, Atención a la Discapacidad.

En MADTEST tienes **más preguntas de este tema** y todos tus avances quedan registrados y se reflejan en el ranking.

¡Supera tus límites con MADTEST!

Solución al test n.º 20

1. d) El 50 % de la recaudación líquida por IVA, la recaudación del Impuesto sobre Transmisiones Patrimoniales y Actos Jurídicos Documentados y la recaudación del Impuesto sobre Sucesiones y Donaciones, entre otros tributos.

2. a) El Impuesto sobre Contaminación de las Aguas, el Impuesto sobre el daño medioambiental causado por la emisión de gases contaminantes a la atmósfera y el Impuesto sobre el daño medioambiental causado por las grandes áreas de venta.

3. b) Su objetivo es asegurar que cada Comunidad Autónoma recibe los mismos recursos por habitante ajustado para financiar los servicios públicos fundamentales esenciales del Estado de Bienestar

4. c) La población, la superficie, la dispersión, la insularidad, la población protegida equivalente distribuida en siete grupos de edad, la población mayor de 65 años y la población entre 0 y 16 años de la Comunidad Autónoma.

5. d) La tarifa autonómica del IRPF, el porcentaje cedido de IVA e Impuestos Especiales de Fabricación, la transferencia del Fondo de Garantía de Servicios Públicos Fundamentales y el Fondo de Suficiencia Global.

6. d) Todas las afirmaciones anteriores son correctas.

7. b) Pacientes residentes en España derivados entre Comunidades Autónomas.

8. d) Todas las anteriores son correctas.

9. a) Ley 14/1986, de 25 de abril, General de Sanidad en su artículo 83.

10. b) Atención Primaria, Atención Especializada, Atención a Enfermos Crónicos Dependientes, Atención a la Salud Mental, Atención a la Urgencia y la Emergencia, Salud Pública y Prestaciones Farmacéuticas, Ortoprotésicas, de Productos Dietéticos y de Transporte Sanitario.

TEST N.º 21

**Los suministros. Suministros internos y externos.
Recepción y almacenamiento de mercancías.
Organización del almacén. Distribución de pedidos**

1. ¿Qué tipo de clasificación ordena los artículos en clases "A", "B" y "C"?

a) Ley 70-30.
b) La clasificación ADR.
c) El método LIFO.
d) La clasificación de Pareto.

2. Normalmente el inventario tradicional, es decir, aquel que consiste en el recuento de los artículos del almacén, para lo cual este debe estar cerrado y todas las operaciones de entrada y salida de artículos debidamente interrumpidas, se realiza:

a) Una vez al año, generalmente al principio del año natural.
b) Una vez al año, generalmente al final del año natural.
c) Dos veces al año, generalmente al principio y a mediados del año natural.
d) Una vez por trimestre.

3. Señala la opción incorrecta. Un código de barras:

a) Es parecido a una etiqueta pero no significa lo mismo.
b) Es una etiqueta.
c) Cada barra representa a un dígito.
d) Representa datos de forma legible para las máquinas.

4. ¿Cómo se denomina el criterio de valoración de mercancías que considera que las unidades que salen del almacén son las más antiguas, según el criterio de renovación de artículos "primero en entrar, primero en salir"?

a) Pareto.
b) FIFO.

c) LIFO.
d) "ABC".

5. El criterio de ordenación de la mercancía en un almacén que hace referencia a la idea de que los artículos solicitados, con frecuencia juntos, deberán ubicarse cercanos entre sí se denomina:

a) Compatibilidad.
b) Frecuencia.
c) Complementariedad.
d) Popularidad

6. ¿Cuál es el primer paso en el proceso de adquisición de los suministros?

a) La planificación de adquisiciones.
b) La petición de material.
c) La previsión de aprovisionamientos.
d) El procedimiento administrativo de contratación.

7. ¿Cuál es la tarea intermedia, entre la previsión de aprovisionamientos y el procedimiento administrativo de contratación?

a) La planificación de adquisiciones.
b) La petición de material.
c) La recepción/revisión de mercancías.
d) La gestión de stock.

8. Según la clasificación de Pareto, ¿qué artículos serán los que se consumen menos y, como es lógico, tendrán una sustitución o rotación más lenta y se almacenarán en los lugares menos accesibles del almacén?

a) Los de clase "A".
b) Los de clase "B".
c) Los de clase "C".
d) Tanto los de clase "B" como los de clase "C".

9. ¿Cuál es la primera tarea que ha de llevar a cabo la Unidad de Suministros nada más recibir un pedido?

a) Emitir un dictamen de lo recepcionado.
b) Realizar un cuenteo del material.
c) Notificar la recepción a la unidad administrativa correspondiente.
d) Registrarlo.

10. ¿Cuál, seguramente, es la labor más importante de todo el sistema de suministro, ya que el buen o mal funcionamiento de la misma significará o no la disponibilidad de un stock físico fiable y de los controles que lo garanticen?

a) La recepción/revisión de mercancías.
b) El reaprovisionamiento.
c) La gestión de stock.
d) El mapa de almacén.

En MADTEST tienes **más preguntas de este tema** y todos tus avances quedan registrados y se reflejan en el ranking.

¡Supera tus límites con MADTEST!

Solución al test n.º 21

1. d) La clasificación de Pareto.

2. b) Una vez al año, generalmente al final del año natural.

3. a) Es parecido a una etiqueta pero no significa lo mismo.

4. b) FIFO.

5. c) Complementariedad.

6. c) La previsión de aprovisionamientos.

7. a) La planificación de adquisiciones.

8. c) Los de clase "C".

9. d) Registrarlo.

10. c) La gestión de stock.

TEST N.º 22

Los contratos del Sector Público. Disposiciones Generales. Configuración general de la contratación del sector público y elementos estructurales de los contratos. De los contratos de las Administraciones Públicas: Preparación, procedimiento y formas de adjudicación. Las garantías y sus clases. La revisión de precios y otras alteraciones del contrato. Extinción de los contratos

1. La contratación administrativa en el sector público viene regulada por:

a) La Ley 9/2017, de 8 de noviembre.
b) La Ley 6/2017, de 24 de octubre.
c) La Ley 3/2017, de 27 de junio.
d) La Ley 4/2017, de 25 de septiembre.

2. Los contratos que tienen por objeto la adquisición, el arrendamiento financiero, o el arrendamiento, con o sin opción de compra, de productos o bienes muebles, son:

a) Contratos de servicios.
b) Contratos de suministro.
c) Contratos de obras.
d) Contratos de gestión de servicios públicos.

3. De los siguientes, son contratos privados los contratos celebrados por una Administración Pública que tengan por objeto:

a) La suscripción a revistas, publicaciones periódicas y bases de datos.
b) La concesión de servicios públicos.
c) Los contratos de colaboración entre el sector público y el sector privado.
d) La adquisición de suministros.

4. En un contrato de concesión de obras, cuando no esté garantizado que, en condiciones normales de funcionamiento, el concesionario vaya a recuperar las inversiones realizadas ni a cubrir los costes en que hubiera incurrido como consecuencia de la explotación de las obras que sean objeto de la concesión, se considerará que el mismo asume un riesgo:

a) Operacional.
b) Virtual.
c) General.
d) Provisional.

5. Deberá elaborarse un proyecto y tramitarse como la Ley 9/2017 dispone para los contratos de obras, el contrato mixto en que un elemento del contrato sea una obra y esta supere:

a) Los 50.000 euros.
b) Los 100.000 euros.
c) Los 5.000 euros.
d) Los 10.000 euros.

6. No podrán ser objeto de los contratos de servicios:

a) Los que impliquen ejercicio de la autoridad inherente a los poderes públicos.
b) Los que impliquen el desarrollo o mantenimiento de aplicaciones informáticas.
c) Los que tengan por objeto el desarrollo y la puesta a disposición de productos protegidos por un derecho de propiedad intelectual o industrial.
d) Los que tengan por objeto la prestación de actividades docentes en centros del sector público desarrolladas en forma de cursos de formación o perfeccionamiento del personal al servicio de la Administración.

7. Se consideran sujetos a regulación armonizada los contratos:

a) Relativos al tiempo de radiodifusión o al suministro de programas que sean adjudicados a proveedores del servicio de comunicación audiovisual o radiofónica.
b) De concesión adjudicados para la puesta a disposición o la explotación de redes fijas destinadas a prestar un servicio al público en relación con la producción, el transporte o la distribución de agua potable;
c) De concesión de obras cuyo valor estimado sea igual o superior a 5.538.000 euros.
d) Que tengan por objeto los servicios de certificación y autenticación de documentos que deban ser prestados por un notario público.

8. Los contratos celebrados por entidades del sector público que siendo poder adjudicador no reúnan la condición de Administraciones Públicas, tienen la consideración de:

a) Contratos administrativos.
b) Contratos privados.

c) Contratos administrativos especiales.
d) Contratos mixtos.

9. Para la Directiva 2014/23/UE, de 26 de febrero de 2014, relativa a la adjudicación de contratos de concesión, el criterio delimitador del contrato de concesión de servicios respecto del contrato de servicios es:

a) La cuantificación del coste.
b) Quién asume el riesgo operacional.
c) La exigencia o no de la clasificación del empresario.
d) La publicación en boletín oficial.

10. Los partidos políticos, así como las organizaciones sindicales y las organizaciones empresariales y asociaciones profesionales, además de las fundaciones y asociaciones vinculadas a cualquiera de ellos, cuando cumplan los requisitos para ser poder adjudicador deberán actuar conforme a los principios de publicidad, concurrencia, transparencia, igualdad y no discriminación sin perjuicio del respeto a la autonomía de la voluntad y de la confidencialidad cuando sea procedente, respecto de los contratos:

a) Administrativos.
b) Privados.
c) De concesión de obras.
d) Sujetos a regulación armonizada.

En MADTEST tienes **más preguntas de este tema** y todos tus avances quedan registrados y se reflejan en el ranking.

¡Supera tus límites con MADTEST!

Solución al test n.º 22

1. a) La Ley 9/2017, de 8 de noviembre.

2. b) Contratos de suministro.

3. a) La suscripción a revistas, publicaciones periódicas y bases de datos.

4. a) Operacional.

5. a) Los 50.000 euros.

6. a) Los que impliquen ejercicio de la autoridad inherente a los poderes públicos.

7. c) De concesión de obras cuyo valor estimado sea igual o superior a 5.538.000 euros.

8. b) Contratos privados.

9. b) Quién asume el riesgo operacional.

10. d) Sujetos a regulación armonizada.

TEST N.º 23

**El procedimiento administrativo: contenido y ámbito de aplicación.
Fases: iniciación, ordenación, instrucción y terminación.
El Régimen Jurídico del Sector Público: disposiciones generales**

1. Salvo en el caso de que en la norma correspondiente se fije plazo distinto, los trámites que deban ser cumplimentados por los interesados deberán realizarse:

a) En el plazo de un mes a partir del siguiente al de la notificación del correspondiente acto.
b) En el plazo de veinte días a partir del siguiente al de la notificación del correspondiente acto.
c) En el plazo de quince días a partir del siguiente al de la notificación del correspondiente acto.
d) En el plazo de diez días a partir del siguiente al de la notificación del correspondiente acto.

2. ¿Cuál es la forma especial de terminación del procedimiento administrativo?

a) La resolución.
b) La declaración de caducidad.
c) La terminación convencional.
d) El desistimiento.

3. A tenor del art. 84 de la Ley 39/2015, de 1 de octubre, del Procedimiento Administrativo Común de las Administraciones Públicas, pondrán fin al procedimiento la resolución:

a) El desistimiento.
b) La renuncia al derecho en que se funde la solicitud.
c) La declaración de caducidad.
d) Todas las respuestas son correctas.

4. ¿De qué plazo disponen los interesados durante el trámite de audiencia para alegar y presentar los documentos y justificaciones que estimen pertinentes?

a) No inferior a quince ni superior a un mes.
b) No inferior a diez días ni superior a quince.

c) Quince días.
d) Siete días hábiles.

5. Señala la respuesta correcta respecto a la emisión de informes:

a) Salvo disposición expresa en contrario, los informes serán facultativos y vinculantes.

b) Los informes serán emitidos a través de medios electrónicos en el plazo de quince días, salvo que una disposición o el cumplimiento del resto de los plazos del procedimiento permita o exija otro plazo mayor o menor.

c) El informe emitido fuera de plazo podrá no ser tenido en cuenta al adoptar la correspondiente resolución.

d) Cuando se soliciten informes preceptivos a un órgano de la misma o distinta Administración, por el tiempo que medie entre la petición, que deberá comunicarse a los interesados, y la recepción del informe, que igualmente deberá ser comunicada a los mismos. Este plazo de suspensión no podrá exceder en ningún caso de un mes.

6. El acuerdo de realización de actuaciones complementarias se notificará a los interesados, concediéndoseles un plazo para formular las alegaciones que tengan por pertinentes tras la finalización de las mismas, de:

a) Siete días.
b) Diez días.
c) Quince días.
d) Un mes.

7. En los procedimientos iniciados a solicitud del interesado, cuando se produzca su paralización por causa imputable al mismo, la Administración le advertirá que se producirá la caducidad del procedimiento, transcurrido:

a) Quince días.
b) Veinte días.
c) Un mes.
d) Tres meses.

8. Señala la respuesta incorrecta respecto a la caducidad:

a) La caducidad no producirá por sí sola la prescripción de las acciones del particular o de la Administración, pero los procedimientos caducados interrumpirán el plazo de prescripción.

b) No podrá acordarse la caducidad por la simple inactividad del interesado en la cumplimentación de trámites, siempre que no sean indispensables para dictar resolución.

c) Podrá no ser aplicable la caducidad en el supuesto de que la cuestión suscitada afecte al interés general, o fuera conveniente sustanciarla para su definición y esclarecimiento.

d) Tanto la caducidad, como la renuncia, solo son posibles en los procedimientos incoados a instancia de los particulares y no en los iniciados de oficio por la propia Administración.

9. El plazo máximo en el que debe notificarse la resolución expresa será el fijado por la norma reguladora del correspondiente procedimiento. Este plazo, salvo que una norma con rango de Ley establezca uno mayor o así venga previsto en el Derecho de la Unión Europea, no podrá exceder de:

a) Veinte días.
b) Un mes.
c) Tres meses.
d) Seis meses.

10. ¿Qué recurso cabe contra el acuerdo de acumulación?

a) Ninguno.
b) Recurso de alzada.
c) Recurso de reposición.
d) Recurso extraordinario de revisión.

En MADTEST tienes **más preguntas de este tema** y todos tus avances quedan registrados y se reflejan en el ranking.

¡Supera tus límites con MADTEST!

Solución al test n.º 23

1. d) En el plazo de diez días a partir del siguiente al de la notificación del correspondiente acto.

2. c) La terminación convencional.

3. d) Todas las respuestas son correctas.

4. b) No inferior a diez días ni superior a quince.

5. c) El informe emitido fuera de plazo podrá no ser tenido en cuenta al adoptar la correspondiente resolución.

6. a) Siete días.

7. d) Tres meses.

8. a) La caducidad no producirá por sí sola la prescripción de las acciones del particular o de la Administración, pero los procedimientos caducados interrumpirán el plazo de prescripción.

9. d) Seis meses.

10. a) Ninguno.

TEST N.º 24

El acto administrativo: características generales. Requisitos. Eficacia. Actos nulos y anulables. La revisión de los actos administrativos. Los recursos administrativos: concepto y clases

1. Según que provengan de un solo órgano administrativo o de dos o más órganos administrativos, se distingue entre:

a) Actos simples y complejos.
b) Actos singulares y generales.
c) Actos expresos y presuntos.
d) Actos reglados y discrecionales.

2. Según crean, modifiquen o extingan relaciones o situaciones jurídicas o se limiten a constatar o acreditar una situación jurídica, sin alterarla ni incidir sobre su contenido, los actos administrativos serán:

a) Actos individuales y plurales.
b) Actos constitutivos y actos declarativos.
c) Actos expresos y presuntos.
d) Actos reglados y discrecionales.

3. Según se dirijan a una persona o un grupo determinado de personas o a una pluralidad indeterminada de las mismas, los actos administrativos serán:

a) Actos individuales y plurales.
b) Actos singulares y generales.
c) Actos expresos y presuntos.
d) Actos reglados y discrecionales.

4. Según pongan fin al expediente administrativo o formen parte del mismo, como una fase del mismo, sin tener carácter resolutivo, los actos administrativos se clasifican en:

a) Actos individuales y plurales.
b) Actos definitivos y actos de trámite.

c) Actos expresos y presuntos.
d) Actos reglados y discrecionales.

5. Señala cuál de los siguientes es un elemento formal del acto administrativo:

a) La causa.
b) El Contenido.
c) El sujeto activo.
d) El procedimiento.

6. Según reconozcan al administrado un derecho o supriman una limitación preexistente para el ejercicio del mismo, produciéndole un resultado ventajoso, o impongan al mismo un deber, gravamen o carga, los actos administrativos se clasifican en:

a) Actos individuales y plurales.
b) Actos constitutivos y actos declarativos.
c) Actos expresos y presuntos.
d) Actos favorables y actos de gravamen.

7. Según que la Administración, al dictarlos, se limite a aplicar una norma que le señala claramente la decisión a adoptar en el supuesto del hecho de que se trate o tenga libertad en la emisión de dicho acto, pudiendo optar entre diversas alternativas que la Ley le ofrece, los actos administrativos se clasifican en:

a) Actos individuales y plurales.
b) Actos constitutivos y actos declarativos.
c) Actos expresos y presuntos.
d) Actos reglados y discrecionales.

8. Señala cuál de los siguientes es un elemento subjetivo de los actos administrativos:

a) El contenido.
b) El sujeto activo.
c) La causa.
d) La forma de la declaración o exteriorización del acto.

9. La causa, o sea, el por qué se dicta un acto administrativo, es un elemento del mismo clasificable dentro de los elementos:

a) Subjetivos.
b) Objetivos.
c) Formales.
d) Materiales.

10. Según se manifiesten formalmente, por escrito generalmente, o surjan al exterior en virtud del mecanismo del silencio administrativo, que puede ser positivo o negativo, los actos administrativos se clasifican en:

a) Actos individuales y plurales.
b) Actos constitutivos y actos declarativos.
c) Actos expresos y presuntos.
d) Actos reglados y discrecionales.

En MADTEST tienes **más preguntas de este tema** y todos tus avances quedan registrados y se reflejan en el ranking.

¡Supera tus límites con MADTEST!

Solución al test n.º 24

1. a) Actos simples y complejos.

2. b) Actos constitutivos y actos declarativos.

3. b) Actos singulares y generales.

4. b) Actos definitivos y actos de trámite.

5. d) El procedimiento.

6. d) Actos favorables y actos de gravamen.

7. d) Actos reglados y discrecionales.

8. b) El sujeto activo.

9. b) Objetivos.

10. c) Actos expresos y presuntos.

TEST N.º 25

La jurisdicción Contenciosa-Administrativa. Su organización. Las partes. Actos impugnables. Idea general del proceso

1. ¿Quiénes conocerán de los actos y resoluciones dictados por los Tribunales Económico-Administrativos Regionales y Locales que pongan fin a la vía económico-administrativa?

a) A la Sala de lo Contencioso-Administrativo del Tribunal Supremo.
b) A los Juzgados Centrales de lo Contencioso-Administrativo.
c) A la Sala de lo Contencioso-Administrativo de la Audiencia Nacional.
d) A las Salas de lo Contencioso-Administrativo de los Tribunales Superiores de Justicia.

2. Las sentencias dictadas en única instancia o en apelación por la Sala de lo Contencioso-administrativo de la Audiencia Nacional serán susceptibles de recurso de casación ante:

a) Los Juzgados de lo Contencioso-administrativo.
b) Las Salas de lo Contencioso-administrativo de los Tribunales Superiores de Justicia.
c) La Sala de lo Contencioso-administrativo del Tribunal Supremo.
d) Cualquiera de las anteriores.

3. La Sala de lo Contencioso-Administrativo del Tribunal Supremo conocerá en única instancia de los recursos que se deduzcan en relación con:

a) De los recursos que se deduzcan en relación con las disposiciones generales y los actos de los Ministros y de los Secretarios de Estado en general y en materia de personal cuando se refieran al nacimiento o extinción de la relación de servicio de funcionarios de carrera.
b) De los recursos interpuestos por la Comisión Nacional de los Mercados y de la Competencia en defensa de la unidad de mercado.
c) De los recursos contra los actos de los Ministros y Secretarios de Estado cuando rectifiquen en vía de recurso o en procedimiento de fiscalización o de tutela los dictados por órganos o entes distintos con competencia en todo el territorio nacional.
d) Los actos y disposiciones en materia de personal, administración y gestión patrimonial adoptados por los órganos competentes del Congreso de los Diputados, del Senado, del Tribunal Constitucional, del Tribunal de Cuentas y del Defensor del Pueblo.

4. Las sentencias de los Juzgados de lo Contencioso-administrativo y de los Juzgados Centrales de lo Contencioso-administrativo serán susceptibles de recurso de apelación, salvo que se hubieran dictado en asuntos cuya cuantía no exceda de:

a) 30.000 euros.
b) 20.000 euros.
c) 15.000 euros.
d) 12.000 euros.

5. Habrá lugar a la revisión de una sentencia firme:

a) Si habiéndose dictado en virtud de prueba testifical, los testigos hubieren sido condenados por falso testimonio dado en las declaraciones que sirvieron de fundamento a la sentencia.
b) Si se hubiere dictado sentencia en virtud de cohecho, prevaricación, violencia u otra maquinación fraudulenta.
c) Si después de pronunciada se recobraren documentos decisivos, no aportados por causa de fuerza mayor o por obra de la parte en cuyo favor se hubiere dictado.
d) Todas las respuestas son correctas.

6. Las sentencias dictadas en única instancia por los Juzgados de lo Contencioso-administrativo serán susceptibles de recurso de casación ante:

a) La Sala de lo Contencioso-administrativo de la Audiencia Nacional.
b) Las Salas de lo Contencioso-administrativo de los Tribunales Superiores de Justicia.
c) La Sala de lo Contencioso-administrativo del Tribunal Supremo.
d) Cualquiera de las anteriores.

7. La Sala de lo Contencioso-Administrativo de la Audiencia Nacional conocerá en única instancia:

a) Los actos y disposiciones del Consejo General del Poder Judicial.
b) Los actos y disposiciones del Consejo de Ministros y de las Comisiones Delegadas del Gobierno.
c) De los recursos en relación con los convenios entre Administraciones públicas no atribuidos a los Tribunales Superiores de Justicia.
d) Los recursos de casación y revisión contra las resoluciones dictadas por el Tribunal de Cuentas, con arreglo a lo establecido en su Ley de Funcionamiento.

8. ¿Quién conocerá en primera instancia, de las resoluciones que acuerden la inadmisión de las peticiones de asilo político?

a) La Sala de lo Contencioso-Administrativo del Tribunal Supremo.
b) Los Juzgados Centrales de lo Contencioso-Administrativo.
c) La Sala de lo Contencioso-Administrativo de la Audiencia Nacional.
d) Las Salas de lo Contencioso-Administrativo de los Tribunales Superiores de Justicia.

9. ¿Quién conocerá de los recursos que se deduzcan en relación con los actos y disposiciones de la Junta Electoral Central, así como los recursos contencioso-electorales que se deduzcan contra los acuerdos sobre proclamación de electos en los términos previstos en la legislación electoral?

a) La Sala de lo Contencioso-Administrativo del Tribunal Supremo.
b) Los Juzgados Centrales de lo Contencioso-Administrativo.
c) La Sala de lo Contencioso-Administrativo de la Audiencia Nacional.
d) Las Salas de lo Contencioso-Administrativo de los Tribunales Superiores de Justicia.

10. ¿A quién le corresponde el conocimiento de los recursos de revisión contra las sentencias firmes de los Juzgados de lo Contencioso-Administrativo?

a) A la Sala de lo Contencioso-Administrativo del Tribunal Supremo.
b) A los Juzgados Centrales de lo Contencioso-Administrativo.
c) A la Sala de lo Contencioso-Administrativo de la Audiencia Nacional.
d) A las Salas de lo Contencioso-Administrativo de los Tribunales Superiores de Justicia.

En MADTEST tienes **más preguntas de este tema** y todos tus avances quedan registrados y se reflejan en el ranking.

¡Supera tus límites con MADTEST!

Solución al test n.º 25

1. d) A las Salas de lo Contencioso-Administrativo de los Tribunales Superiores de Justicia.

2. c) La Sala de lo Contencioso-administrativo del Tribunal Supremo.

3. d) Los actos y disposiciones en materia de personal, administración y gestión patrimonial adoptados por los órganos competentes del Congreso de los Diputados, del Senado, del Tribunal Constitucional, del Tribunal de Cuentas y del Defensor del Pueblo.

4. a) 30.000 euros.

5. d) Todas las respuestas son correctas.

6. c) La Sala de lo Contencioso-administrativo del Tribunal Supremo.

7. c) De los recursos en relación con los convenios entre Administraciones públicas no atribuidos a los Tribunales Superiores de Justicia.

8. b) Los Juzgados Centrales de lo Contencioso-Administrativo.

9. a) La Sala de lo Contencioso-Administrativo del Tribunal Supremo.

10. d) A las Salas de lo Contencioso-Administrativo de los Tribunales Superiores de Justicia.

TEST N.º 26

Los sistemas de información: conceptos generales de las tecnologías de información

1. ¿Cuál de los siguientes sistemas numéricos utiliza potencias de 8 y dígitos del 0 al 7?

a) Sistema decimal.
b) Sistema octal.
c) Sistema binario.
d) Sistema hexadecimal.

2. En el sistema hexadecimal, ¿qué letra representa el valor decimal 15?

a) A.
b) C.
c) F.
d) E.

3. ¿Cuál es la unidad básica de información en un sistema informático?

a) Bit.
b) Byte.
c) Kilobyte.
d) Nibble.

4. ¿Cuántos bytes conforman un kilobyte en el sistema binario?

a) 1000 bytes.
b) 1024 bytes.
c) 8192 bytes.
d) 8 bytes.

5. ¿Qué nombre reciben los datos que ya han sido procesados y aportan información relevante?

a) Datos de entrada.
b) Datos intermedios.

c) Información.
d) Datos alfanuméricos.

6. ¿Cuál de los siguientes tipos de datos es una representación simbólica de un atributo, sin necesidad de aportar información relevante?

a) Información.
b) Datos.
c) Procesamiento.
d) Algoritmo.

7. ¿Cuál de los siguientes no es un tipo de datos según su variación?

a) Datos fijos.
b) Datos intermedios.
c) Datos variables.
d) Constantes.

8. ¿Qué tipo de datos permite la combinación de números y letras?

a) Datos numéricos.
b) Datos alfabéticos.
c) Datos alfanuméricos.
d) Datos variables.

9. ¿Cómo se define un Sistema de Información?

a) Un conjunto de datos almacenados en una computadora.
b) Un conjunto de elementos enfocados al tratamiento de la información.
c) Un tipo de base de datos que solo almacena información.
d) Un software utilizado para gestionar archivos.

10. ¿Cuál es un elemento esencial para el correcto funcionamiento de un sistema de información?

a) La velocidad del procesador.
b) La correcta identificación de los procesos a realizar.
c) La cantidad de memoria RAM instalada.
d) La interfaz gráfica del sistema.

En MADTEST tienes **más preguntas de este tema** y todos tus avances quedan registrados y se reflejan en el ranking.

¡Supera tus límites con MADTEST!

Solución al test n.º 26

1. b) Sistema octal.

2. c) F.

3. a) Bit.

4. b) 1024 bytes.

5. c) Información.

6. b) Datos.

7. b) Datos intermedios.

8. c) Datos alfanuméricos.

9. b) Un conjunto de elementos enfocados al tratamiento de la información.

10. b) La correcta identificación de los procesos a realizar.

TEST N.º 27

Nociones de informática: El ordenador, Dispositivos centrales y periféricos. Redes informáticas. El microprocesador. Soportes informáticos

1. ¿Qué parte del ordenador realiza las operaciones matemáticas?

a) La unidad de control.
b) El acumulador.
c) El contador de programa.
d) La ALU.

2. ¿Qué sistema de comunicación entre la unidad de E/S y la CPU es el más rápido?

a) Polling.
b) Interrupciones.
c) DMA.
d) Ninguno de los anteriores.

3. ¿Dónde almacenaría la información personal de forma permanente?

a) En la memoria RAM.
b) En la memoria caché, que es más rápida que la RAM.
c) En un disco duro, porque se puede almacenar de forma permanente.
d) En los registros de la CPU, que son los más rápidos.

4. Cada una de las divisiones de una pista en un disco duro es:

a) Un cilindro.
b) Un sector.
c) Un clúster.
d) Un registro.

5. ¿Qué tipo de CD debes elegir si deseas regrabar los datos varias veces?

a) CD-ROM.
b) CD-R.

c) CD-RW.
d) CD-DA.

6. ¿Qué tipo software controla el hardware?

a) Un lenguaje de programación de bajo nivel.
b) Un lenguaje de programación de alto nivel.
c) Un programa de aplicación.
d) Un sistema operativo.

7. ¿Qué tipo de programa trabaja con gran cantidad de datos numéricos y realiza operaciones de cálculo complejas?

a) Procesador de texto.
b) Hoja de cálculo.
c) Base de datos.
d) ALU.

8. Si escucha un tono largo al arrancar el ordenador, ¿qué puede estar pasando?

a) No hay alimentación.
b) El altavoz está roto.
c) No está instalado el módulo de memoria.
d) Fallo del teclado.

9. Cuando se dice que la CPU va a 100 Mega Herzios (MHz), ¿a qué se refiere?

a) Que tiene un almacenamiento de 100 Megas.
b) Que tiene un consumo de 100 Megas.
c) Que su frecuencia de reloj es de 100 MHz.
d) Ninguna de las respuestas anteriores es correcta.

10. Las distintas de partes de un ordenador están conectadas mediante:

a) No están conectadas.
b) Buses.
c) Sólo están conectadas en la estructura Von Neumann.
d) Ninguna de las anteriores.

En MADTEST tienes **más preguntas de este tema** y todos tus avances quedan registrados y se reflejan en el ranking.

¡Supera tus límites con MADTEST!

Solución al test n.º 27

1. d) La ALU.

2. c) DMA.

3. c) En un disco duro porque se puede almacenar de forma permanente.

4. b) Un sector.

5. c) CD-RW.

6. d) Un sistema operativo.

7. b) Hoja de cálculo.

8. c) No está instalado el módulo de memoria.

9. c) Que su frecuencia de reloj es de 100 MHz.

10. b) Buses.

TEST N.º 28

**Los sistemas operativos más frecuentes.
Sus elementos comunes. Comandos básicos.
Administrador de archivos.
Administrador de impresión. Impresoras**

1. ¿Cuál de las siguientes funciones no corresponde al sistema operativo?

a) Gestión de la CPU.
b) Gestión de la memoria principal.
c) Se almacenan los datos personales del usuario.
d) Gestión de la entrada/salida.

2. ¿Cuál de los siguientes sistemas operativos tiene un interfaz sólo de líneas de comandos?

a) Windows.
b) Linux.
c) Ubuntu.
d) Ms-Dos.

3. ¿Cuál de los siguientes sistemas operativos sustituyó al MS-Dos?

a) Ubuntu.
b) Windows.
c) Linux.
d) Android.

4. El sistema operativo de los ordenadores MAC se denomina:

a) Ubuntu.
b) Kubuntu.

c) OS X.
d) Lubuntu.

5. ¿Qué versión de Windows da soporte a los ordenadores de 64 bits?

a) Windows Vista.
b) Windows XP.
c) Windows 98.
d) Ninguno de las anteriores son correctas.

6. ¿Cuál es la primera versión de Windows que permite extraer dispositivos externos sin tener que reiniciar el ordenador?

a) Windows Vista.
b) Windows 7.
c) Windows 98.
d) Windows XP.

7. Para abrir la línea de comando de Windows, ¿qué comando hay que escribir en el menú de inicio?

a) Comando.
b) Cmd.
c) Cdm.
d) Commmand.

8. ¿Cuál de las siguientes características no es propia del sistema operativo Linux es?

a) Propietario.
b) Se puede distribuir libremente.
c) Se puede modificar libremente.
d) Se puede utilizar sin tenerlo instalado en el ordenador a través de un DVD con distribución Live.

9. ¿Cuál de las siguientes distribuciones no es de Linux?

a) Ubuntu.
b) Kubuntu.
c) Debían.
d) Rubuntu.

10. En Linux, ¿cómo se denomina al usuario que tiene todos los permisos del equipo?

a) Administrador.
b) Usuario primario.
c) Root.
d) Ninguno de los anteriores es correcto.

En MADTEST tienes **más preguntas de este tema** y todos tus avances quedan registrados y se reflejan en el ranking.

¡Supera tus límites con MADTEST!

Solución al test n.º 28

1. c) Se almacenan los datos personales del usuario.

2. d) Ms-Dos.

3. b) Windows.

4. c) OS X.

5. a) Windows Vista.

6. d) Windows XP.

7. b) Cmd.

8. a) Propietario.

9. d) Rubuntu.

10. c) Root.

TEST N.º 29

Herramientas ofimáticas: Procesadores de texto, bases de datos, hoja de cálculo, paquetes informáticos integrados y correo electrónico

1. ¿Cómo se llama el Tipo de Letra usada en un documento?

a) Formato de Fuente.
b) Fuente.
c) Las opciones a) y b) son correctas.
d) Ninguna es correcta.

2. En el grupo Fuente, el botón de subíndice:

a) Alza el texto seleccionado por debajo de la línea de base.
b) Desciende el texto seleccionado sobre la línea de base.
c) Las opciones a) y b) son correctas.
d) Ninguna es correcta.

3. En la celda activa de Excel 2016 podemos introducir:

a) Fórmulas y Tablas de datos.
b) Fórmulas y datos constantes.
c) Las opciones a) y b) son correctas.
d) Ninguna es correcta.

4. Las constantes de Excel 2016 pueden ser valores:

a) Numéricos y de tipo texto.
b) Horas y Fechas.
c) Las opciones a) y b) son correctas.
d) Ninguna es correcta.

5. La extensión de una BBDD nueva en Access 2016 es:

a) Acddb.
b) Accdb.

c) Acdbb.
d) Ninguna es correcta.

6. Los nombres de los campos de Access 2016 tienen una longitud máxima de:

a) 128 caracteres.
b) 64 caracteres.
c) 256 caracteres.
d) Ninguna es correcta.

7. Di cuáles son direcciones de correo válidas:

a) persona@proveedorcom
b) www.proveedor.com
c) persona.proveedor.com
d) Ninguna es correcta.

8. La parte de la izquierda de una dirección de correo electrónico se denomina:

a) Dominio.
b) Organización.
c) Las respuestas a) y b) son correctas.
d) Ninguna es correcta.

9. ¿Cuál de las siguientes opciones se corresponde con una extensión que usa la hoja de cálculo del paquete OpenOffice?

a) .docx.
b) .ods.
c) .odt.
d) .odb.

10. Las suites ofimáticas tienen:

a) Más programas que los paquetes integrados.
b) Menos programas que los paquetes integrados.
c) Los mismos programas que los paquetes integrados.
d) Siempre tienen 7 aplicaciones.

En MADTEST tienes **más preguntas de este tema** y todos tus avances quedan registrados y se reflejan en el ranking.

¡Supera tus límites con MADTEST!

Solución al test n.º 29

1. b) Fuente.

2. d) Ninguna es correcta.

3. b) Fórmulas y datos constantes.

4. c) Las opciones a) y b) son correctas.

5. b) Accdb.

6. b) 64 caracteres.

7. d) Ninguna es correcta.

8. d) Ninguna es correcta.

9. b) .ods.

10. a) Más programas que los paquetes integrados.

TEST N.º 30

Redes de área local: concepto. Compartición de recursos, ventajas. Red Internet: concepto. Principales navegadores. Intranet

1. Una red de una casa sería:

a) MAN.
b) LAN.
c) WAN.
d) PAM.

2. ¿Qué topología de red necesitan unos terminadores?

a) Estrella.
b) Bus.
c) Anillo.
d) Wifi.

3. ¿Qué dispositivo reduce considerablemente las colisiones?

a) Hub.
b) Concentrador.
c) Switch.
d) Router.

4. ¿Cuál de las siguientes no es una característica de una LAN?

a) Reduce gastos de equipos.
b) Reduce información redundante.
c) Facilidad de intercambio de información.
d) Son necesarias tantas conexiones de Internet como ordenadores pertenecientes a la red local.

5. ¿Qué tipo de cable UTP usaría para conectar dos ordenadores?

a) Uno recto.
b) Uno cruzado.

c) Uno mixto.
d) Ninguno de los anteriores.

6. ¿Qué tipo de cable UTP usaría para conectar un ordenador con un switch?

a) Uno recto.
b) Uno cruzado.
c) Uno mixto.
d) Ninguno de los anteriores.

7. ¿Qué es lo primero que cambiaría en la configuración de un punto de acceso?

a) Su dirección IP.
b) El protocolo de seguridad.
c) Su contraseña.
d) El estándar.

8. Para establecer una LAN (Red Local), lo habitual es:

a) Conectar todos los PC entre sí.
b) Interconectar PC a través de un servidor.
c) Usar Internet para entrar donde necesitemos.
d) Ninguna de las respuestas anteriores es correcta.

9. Para acceder a una intranet de una empresa:

a) Deberás ser empleado.
b) Deberás ser usuario autorizado.
c) Solo los directivos pueden acceder a la intranet.
d) Ninguna de las anteriores.

10. En una red de área local, se establece que el número de servidores de esa red será:

a) Un único servidor.
b) Dos servidores como mucho.
c) El número de servidores lo establecerá el administrador de la red, y será un número indeterminado.
d) Ninguna es cierta.

En MADTEST tienes **más preguntas de este tema** y todos tus avances quedan registrados y se reflejan en el ranking.

¡Supera tus límites con MADTEST!

136

Solución al test n.º 30

1. b) LAN.

2. b) Bus.

3. c) Switch.

4. d) Son necesarias tantas conexiones de Internet como ordenadores pertenecientes a la red local.

5. b) Uno cruzado.

6. a) Uno recto.

7. c) Su contraseña.

8. b) Interconectar PC a través de un servidor.

9. a) Deberás ser empleado.

10. c) El número de servidores lo establecerá el administrador de la red, y será un número indeterminado.

Cómo acceder al Curso

Grupo Auxiliar Administrativo de la Función Administrativa
Test del temario

El uso de los códigos **es exclusivo de los compradores de los productos de Editorial MAD**. Cada producto posee un código único y de un solo uso. Es personal e intransferible y da acceso a servicios y contenidos adicionales. Editorial MAD se reserva el derecho de hacer cuantas comprobaciones sean necesarias para identificar al legítimo poseedor del código y dejar de dar servicio a quien haga uso fraudulento del mismo, además de emprender cuantas acciones legales estime oportunas según la legislación vigente.

Deberás acceder a:

mad.es/registro-campus

Si una vez aceptadas las condiciones de uso del Campus decides hacer uso del mismo, necesitarás del siguiente código de acceso junto con los códigos del resto de títulos que se exigen (si fuera el caso):

ACULGW5QMN